销售精英必备的通识手册
| 财务+法律 |

朱菲菲◎编著

中国铁道出版社有限公司
CHINA RAILWAY PUBLISHING HOUSE CO., LTD.

北 京

图书在版编目（CIP）数据

销售精英必备的通识手册：财务＋法律／朱菲菲编著. -- 北京：中国铁道出版社有限公司，2025.4.
ISBN 978-7-113-32061-4

Ⅰ. F275-62; D922.290.4

中国国家版本馆 CIP 数据核字第 2024L5P462 号

书　　名：销售精英必备的通识手册（财务＋法律）
XIAOSHOU JINGYING BIBEI DE TONGSHI SHOUCE (CAIWU+FALÜ)

作　　者：朱菲菲

责任编辑：王　宏　　编辑部电话：（010）51873038　　电子邮箱：17037112@qq.com
封面设计：宿　萌
责任校对：刘　畅
责任印制：赵星辰

出版发行：中国铁道出版社有限公司（100054，北京市西城区右安门西街 8 号）
网　　址：https://www.tdpress.com
印　　刷：河北燕山印务有限公司
版　　次：2025 年 4 月第 1 版　2025 年 4 月第 1 次印刷
开　　本：710 mm×1 000 mm　1/16　印张：12　字数：221 千
书　　号：ISBN 978-7-113-32061-4
定　　价：69.80 元

版权所有　侵权必究

凡购买铁道版图书，如有印制质量问题，请与本社读者服务部联系调换。电话：（010）51873174
打击盗版举报电话：（010）63549461

前言

在一个正常运营的企业中有许多的部门，比如财务部门、法务部门、销售部门、宣传部门等，相关工作人员各司其职，一起保障着企业的平稳运行。

但部门的区分仅仅是对其业务负责方向的区分。其实大多数情况下，企业各部门之间都有一定的关联性，各自的工作都有重叠之处。作为销售部门的一员，销售人员在日常业务开展过程中涉及面较广，对其他部门，尤其是财务、法务等方面的工作，都不应该陌生。

就拿与客户谈合同、达成买卖意愿这项工作来说，销售人员在与客户交涉的过程中，为说服客户信任本公司、购买本公司的产品，必定要对公司的运营情况、盈利情况、规模大小等进行说明。更进一步还要将公司产品在市场中所占的份额进行列示，或者与同行业竞争者进行对比等，这就涉及对本公司和竞争对手财务报表的解读。

再比如，销售人员出差开展业务时，还要了解相应的报账流程、相关单据的填写规则等。向客户开具发票，或者从客户处收到发票时，作为销售一线人员，销售人员必须保证发票的正确性和有效性。

在交易谈妥、意向统一后，双方还要签订相应的合同，这就需要涉及对合同相关法律的认知。如何拟定合同？拟定什么类型的合同？该怎样合法合规签订？合同中应当包含哪些内容？双方发生纠纷该如何解决？违约责任如何划分？这些内容都需要销售人员深入、仔细地研究相关法律。

综上所述，销售人员要想顺畅、高效、合规地开展工作，对财税和法律相关知识的了解是非常有必要的。出于这一目的，作者编写了此书。

本书共六章，可大致划分为四部分。

第一部分为第1章，主要对财务会计方面的知识进行介绍，包括关于会计、记账方式的基础知识，涉及财务业务及四大财务报表等内容，帮助销售人员打好基础。

第二部分为第2章，主要介绍销售工作中常涉及的支付结算方法，以及应收账款的产生和催缴。这些内容都与销售人员的日常工作息息相关。

第三部分为第3～4章，主要针对常见票据的填开，以及一些基础、常用的税务知识进行介绍，包括发票及其他票据的常见样式、填开要求，销售过程中有关税务的工作，销售人员缴纳个人所得税的相关知识等。

　　第四部分为第5～6章，主要对销售工作中涉及的法律知识进行介绍，包括合同签订、不正当竞争、广告推销、产品质量及消费者权益等方面的相关法律，帮助销售人员了解法律常识，避免法律风险。

　　本书结构严谨，内容扎实，适合不太了解财务、税务、法务相关知识的销售人员学习。同时，书中图示丰富、表格众多、内容层次清晰，有助于基础薄弱的读者轻松学习。

　　最后，希望所有读者都能从本书中学到想学的知识，并将其合理、合法地运用到实际工作中，提升自己的工作效率。

编　者

2025年1月

目录

第1章 销售人员有必要了解的财务知识

1.1 有关财务会计的基本内容 1
1.1.1 会计的概念与职能 1
1.1.2 熟悉会计的六大要素 4
1.1.3 会计科目和会计账户是什么 5
1.1.4 借贷记账法的简单介绍 8
1.1.5 认识记账、对账与结账 8

1.2 销售人员涉及的财务业务 11
1.2.1 企业中有哪些涉及销售业务的会计资料 11
1.2.2 出差前后的报账流程 12
1.2.3 如何正确填写借款单和报销单 13
实例分析 某公司对借款的有关规定 14

1.3 认识常见的财务报表很重要 16
1.3.1 资产负债表反映企业财务状况 16
1.3.2 利润表体现企业经营成果 18
1.3.3 现金流量表代表企业现金流变动 19
1.3.4 所有者权益变动表反映所有者权益情况 20

第 2 章　支付结算方式与应收账款的催缴

2.1 销售过程中常用的支付结算方式 22
2.1.1 汇票的不同种类与使用方式 22
2.1.2 银行本票支付更简便 28
2.1.3 不同种类的支票委托银行支付 30
2.1.4 汇兑方式支持线上汇款 32
2.1.5 委托收款由收款人下委托 33
2.1.6 托收承付异地结算 35
2.1.7 信用证的使用方式 38

2.2 应收账款的产生与催缴 40
2.2.1 为什么会产生应收账款 40
2.2.2 应收账款要做到有效管理 41
2.2.3 销售者要如何合理催款 44
实例分析 某公司应收账款催收制度 44
实例分析 某公司的催收管理措施 46

第 3 章　销售过程中票据的填开与使用

3.1 与销售有关的票据种类 48
3.1.1 增值税发票 48
3.1.2 车辆销售发票 52
3.1.3 数电票 54
3.1.4 销售过程中涉及的其他票据 55

3.2 申领与填开票据的要求 59

3.2.1 企业申领发票的条件和流程 60
3.2.2 票据填写的基本要求 62
实例分析 某公司费用报销单填写和粘贴规范 63

3.3 填开票据过程中的注意事项 64

3.3.1 常见的填写错误及避免方法 64
实例分析 发票填开时的常见错误及更正方式 64
3.3.2 发票填开过程中的注意事项 66
3.3.3 学会鉴别伪造发票 67
3.3.4 发票填开后一定要保管好 73
3.3.5 发票填开不当的处罚 74

第 4 章 销售人员应熟悉的税务知识

4.1 对税收与纳税的基本认知 76

4.1.1 关于税收的常识 76
4.1.2 常见税种的现行税率与税收方式 79
4.1.3 纳税人的权利与义务 82

4.2 与企业销售业务相关的税收知识 87

4.2.1 销售盈利须缴纳企业所得税 88
4.2.2 销售过程中涉及的增值税 91
4.2.3 纳税义务发生时间与销售收入确认时间 95
4.2.4 特殊销售情况下增值税的核算方式 96

4.3 与销售人员自身相关的税收知识 97
4.3.1 个人须缴纳个人所得税 97
4.3.2 专项附加扣除和保障措施 101
4.3.3 个人须参与年度汇算清缴 105

第 5 章　根据法律法规签订有效的合同

5.1 关于合同的基础知识 108
5.1.1 合同的基本构成与订立方式 108
实例分析 因口头约定交易导致的纠纷 109
5.1.2 合同的划分与包含要素 112
5.1.3 合同的生效和履行 115
实例分析 合同内容约定不明确导致法律纠纷 116
5.1.4 债务人违约时债权人的权利 118
5.1.5 合同的变更与转让 119

5.2 合同正常终止和违约的情况 121
5.2.1 合同的权利义务正常终止 121
实例分析 当事人是否有约定解除合同的权利 123
5.2.2 当事人违约需承担的责任 124

5.3 对买卖合同的深入解析 126
5.3.1 买卖合同中的责任划分 126
实例分析 出卖方的权利瑕疵担保责任存在问题 129
5.3.2 标的物的检验和价款支付 131
5.3.3 分批标的物解除与合同解除 133

5.3.4 产品试用和试用买卖协议 133
　　实例分析 试用买卖合同范本 　　134
5.3.5 取回和回赎标的物的情况 137

第 6 章　销售人员应知的法律与风险防范

6.1 销售人员要避免不正当竞争 139
6.1.1 哪些手段属于不正当竞争行为 139
　　实例分析 难以分辨的不当奖售行为 　　142
6.1.2 不正当竞争的特性及其危害 143
6.1.3 法律对不正当竞争的处罚规定 145
　　实例分析 监管部门对不正当竞争行为的处罚决定 148

6.2 有关广告推销的规定与法律风险 149
6.2.1 广告内容规范及不得出现的情形 150
　　实例分析 ××家居有限公司发布虚假广告案 　　155
6.2.2 广告行为规范和资格审查 156
6.2.3 有关部门对广告的严格审查 158
6.2.4 广告违反规定将受到处罚 159
　　实例分析 对违法广告的处罚 　　165

6.3 生产者与销售者的产品质量责任和义务 166
6.3.1 企业质量体系与产品质量认证制度 166
6.3.2 生产者和销售者对产品质量所负的责任 167
6.3.3 产品质量不达标的赔偿与处罚 169
　　实例分析 对产品质量不合格的处罚 　　172

6.4 销售者还需尊重消费者的权益 173
6.4.1 销售者要熟知消费者的权利 173
6.4.2 企业在销售过程中应尽的义务 174
6.4.3 买卖双方产生争议时如何解决 177
实例分析 消费者权益受侵害后的争议解决 178
6.4.4 企业侵害消费者权益将受的处罚 180

第1章

销售人员有必要了解的财务知识

销售人员的主要职责是对外推销产品，看似与财务没有太大联系，但有时候还是会用到财务方面的知识，比如报销差旅费、向客户介绍公司运营状况等。如果没有一定的财务基础，销售人员的某些工作就可能受阻，进而影响整体效率。因此，销售人员在工作中也需要了解基本的财务知识。

1.1 有关财务会计的基本内容

销售人员接触财务会计知识的第一步，就是从基本概念开始，打好基础，认清方向，才能让后续的学习更加得心应手。本节就将针对会计的基本职能和构成，以及几种常见的记账方法进行介绍，帮助销售人员在脑海中建立基础的财会框架。

1.1.1 会计的概念与职能

会计其实是一个广义的概念：一是指会计工作；二是指从事会计工作的人员。销售人员需要重点了解的是会计工作的概念。

会计是以货币为主要计量单位，采用专门的方法和程序，对企业和行政、事业单位的经济活动进行完整的、连续的、系统的核算和监督，以提供经济信息和反映受托责任履行为主要目的的经济管理活动。可以从以下三个方面来对其进行深入理解。

（1）从经济计算方面来理解

经济计算是人们对经济资源（人力、物力、财力等）、经济关系（等价交换、所有权、分配、信贷、结算等)和经济过程(投入、产出、收入、成本、效率等)进行的数量计算的总称。

会计就是一种利用货币为主要计量尺度,对经济过程进行连续、系统、全面、综合的经济计算。

(2) 从经济信息系统方面来理解

会计工作能够将一个企业宏观、分散的经营活动转化成可视化、集中的数据,向有需求的决策人员和外界大众提供有关企业的业绩、问题,以及公司资金、所有权、收入、成本、利润、债权和债务等信息。

因此,会计可以理解为一个以提供财务信息为主的经济信息系统,是外界用于阅读企业的"语言"。

(3) 从经济管理方面来理解

对企业外部的有关信息使用者而言,会计是一个经济信息系统,而对企业内部来说,会计则是一项经济管理活动。

随着商品经济的发展和市场竞争的出现,企业需要对经济活动进行严格的控制和监督。由此,会计被赋予了经济管理的职责,开始逐步由单纯的记账、算账、对外报送会计报表,发展为参与事前经营预测、决策,对经济活动进行事中控制、监督,开展事后分析、检查的经济管理活动。

由此可见,会计工作影响着企业运营过程的方方面面,可以说它是企业发展的骨架和支撑,也是对外展示企业面貌的重要载体。

不过,会计工作的进行也需要基本的前提条件,即四个基本假设,会计主体、持续经营、会计分期和货币计量。只有满足了这四个基本假设,会计工作才能保证有效性、准确性和可靠性,具体如图 1-1 所示。

在满足这四个基本假设后,会计工作的准确性和可靠性就能得到一定的保障。下面来认识会计的基本职能。

会计职能指的是会计在经济管理中所具有的功能,主要分为基本职能和拓展职能。其中,基本职能指会计核算和会计监督,拓展职能指预测经济前景、参与经济决策和评价经营业绩等。

会计的几项拓展职能从字面意义上很好理解,那基本职能中的会计核算和会计监督又是怎么回事呢?

会计核算是指会计以货币为主要计量单位,对特定主体的经济活动进行确认、计量和报告,它贯穿于经济活动的全过程,是会计最基本的职能。

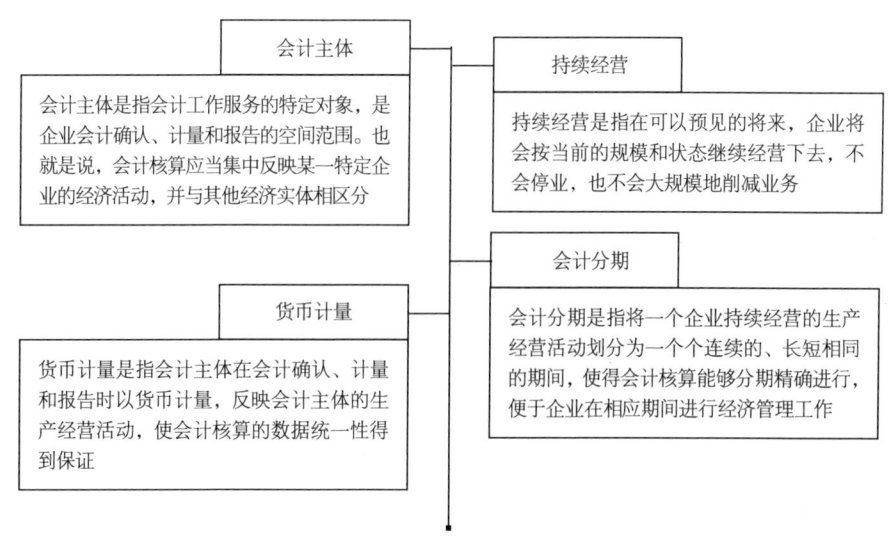

图 1-1 会计的四个基本假设

会计核算主要包括以下几项内容:
①款项和有价证券的收付。
②财物的收发、增减和使用。
③债权、债务的发生和结算。
④资本、基金的增减。
⑤收入、支出、费用和成本的计算。
⑥财务成果的计算和处理。
⑦需要办理会计手续、进行会计核算的其他事项。

会计监督是指会计按照一定的目的和要求,利用会计核算职能所提供的经济信息,对企业、事业和机关等单位的经济活动进行控制,使之达到预期目标的功能。监督目标主要集中于特定主体经济活动和相关会计核算的真实性、合法性和合理性。

真实性审查:指对各项会计核算是否根据实际发生的经济业务进行的检查。

合法性审查:指对各项经济业务是否符合国家有关法律法规,遵守财经纪律,执行国家各项方针政策的检查。

合理性审查:指对各项财务收支是否符合客观经济规律及经营管理方面的要求,是否能够保证各项财务收支符合特定的财务收支计划,实现预算目标的检查。

会计监督是在会计核算的同时进行的,包括事前、事中和事后监督,如图 1-2 所示。

事前监督
事前监督是指会计部门在参与编制各项计划和费用预算时，依据有关政策、法令和制度，对各项经济活动的可行性、合理性和合法性进行审查，是对未来经济活动的指导

事中监督
事中监督是指在日常会计工作中，对已发现的问题提出建议，促使有关部门采取措施，调整经济活动，使其按照规定的目标和要求进行

事后监督
事后监督是指以事前制定的目标和要求为准绳，通过分析会计资料，对已进行的经济活动的合理性、合法性和有效性进行考核和评价

图 1-2 会计监督的三种方式

需要注意的是，会计的核算与监督职能是不可分割的，二者存在一定的联系，即核算是监督的基础，没有会计核算，会计监督就失去了存在的意义；会计监督是如实核算的保证，没有会计监督，就不能保证会计核算的有效性和准确性。

1.1.2 熟悉会计的六大要素

会计要素指的是会计报表的基本构成要素。我国《企业会计准则——基本准则》(2014)第一章第十条规定："企业应当按照交易或者事项的经济特征确定会计要素。会计要素包括资产、负债、所有者权益、收入、费用和利润。"

其中，资产、负债和所有者权益体现了企业在某一时点的财务状况，是对企业资金运动的静态反映，也是资产负债表的构成要素；收入、费用和利润体现了企业在一定时期的经营成果，是对企业资金运动的动态反映，也是利润表的构成要素。

会计工作就是围绕这六大要素的确认、计量、记录和报告展开的。不过，这些要素的确认也是有标准的，标准就在《企业会计准则——基本准则》中，详情见表 1-1。

表 1-1 会计六大要素及其确认条件

要 素	定 义	确认条件
资产	资产是指企业过去的交易或者事项形成的、由企业拥有或者控制的、预期会给企业带来经济利益的资源	满足资产定义的资源，在同时满足以下两项条件时，确认为资产：①与该资源有关的经济利益很可能流入企业；②该资源的成本或者价值能够可靠地计量

续上表

要 素	定 义	确认条件
负债	负债是指企业过去的交易或者事项形成的、预期会导致经济利益流出企业的现时义务	满足负债定义的义务，在同时满足以下两项条件时，确认为负债：①与该义务有关的经济利益很可能会流出企业；②未来流出的经济利益的金额能够可靠地计量
所有者权益	所有者权益是指企业资产扣除负债后，由所有者享有的剩余权益。其来源包括所有者投入的资本、直接计入所有者权益的利得和损失、留存收益等。股份有限公司的所有者权益又被称为股东权益	所有者权益的确认和计量主要取决于资产、负债、收入、费用等其他会计要素的确认和计量。所有者权益在数量上等于企业资产总额扣除债权人权益后的净额，即为企业的净资产，反映所有者（股东）在企业资产中享有的经济利益
收入	收入是指企业在日常活动中形成的、会导致所有者权益增加的、与所有者投入资本无关的经济利益的总流入	收入只有在经济利益很可能流入企业，从而导致企业资产增加或者负债减少、且经济利益的流入额能够可靠计量时，才能予以确认
费用	费用是指企业在日常活动中发生的、会导致所有者权益减少的、与向所有者分配利润无关的经济利益的总流出	费用只有在经济利益很可能流出企业，从而导致企业资产减少或者负债增加、且经济利益的流出额能够可靠计量时，才能予以确认
利润	利润是指企业在一定会计期间的经营成果。利润包括收入减去费用后的净额、直接计入当期利润的利得和损失等	利润的确认主要依赖于收入和费用，以及直接计入当期利润的利得和损失的确认，其金额的确定也主要取决于收入、费用、利得和损失金额的计量

会计要素是对会计对象进行的基本分类，它将会计核算对象具体化，为会计核算提供了基础，也为财务报表的构筑提供了基本架构。有关财务报表的知识将在本章 1.3 节中介绍。

1.1.3 会计科目和会计账户是什么

会计科目和会计账户都是对会计对象具体内容（会计要素）的科学分类，两者设置依据一致、性质相同。对于不熟悉财务工作的销售人员来说，这两项内容确实容易混淆，但只要稍加学习，销售人员就可以清晰地区分。

（1）会计科目

会计科目是对会计要素对象的具体内容进行分类核算的类目，目的是满足会计确认、计量和报告的需要。根据企业内部管理和外部信息需求的不同，每个企业涉及的会计科目可能有所不同。

用通俗一点的话来说，会计科目就是将企业经营过程中涉及的各种业务或是资源进行分类，划分为不同的类别或项目。财会人员在进行各种账务处理时，就能直接将企业资金的流动通过这些科目进行记录，同时在审查时也能迅速溯源，实现财会工作的公式化和高效化。

按会计科目所归属的会计要素的不同，可将其划分为资产类科目、负债类科目、所有者权益类科目、损益类科目、成本类科目和共同类科目六大类。具体内容如图 1-3 所示。

资产类科目

资产类科目是用来核算和监督企业拥有或者控制的，能以货币计量的经济资源的增减变动及结余情况的会计科目。按资产的流动性，可将其分为流动资产和非流动资产的科目

负债类科目

负债类科目是用来核算和监督企业承担的，能以货币计量、需以资产或劳务偿付的债务的增减变动和结余情况的会计科目。按负债的偿还期限，可将其分为流动负债和非流动负债的科目

所有者权益类科目

所有者权益类科目是用来核算和监督企业投资者对企业净资产所有权的增减变动和结余情况的会计科目。按所有者权益的形成和性质，可将其分为资本和留存收益的科目

损益类科目

损益类科目是指其在一定时期的发生额合计要在当期期末结转到"本年利润"账户，用以计算确定一定时期内损益的会计科目。按损益的不同内容，可将其分为收入和费用的科目

成本类科目

成本类科目是用来归集费用、计算成本的会计科目。按成本的不同内容和性质，可将其分为制造成本和劳务成本的科目

共同类科目

共同类科目是指既有资产性质，又有负债性质的科目。这类会计科目比较少见，大部分企业都涉及不到，多为金融、保险、投资、基金等公司使用，一般企业的销售人员知道其存在即可

图 1-3　会计科目的六大分类

按会计科目所提供信息的详细程度及其统驭关系的不同，可将其划分为总分类科目和明细分类科目。这样构建框架，形成结构后，更加方便财务工作的进行。

图1-4是总分类科目和明细分类科目的划分方式。

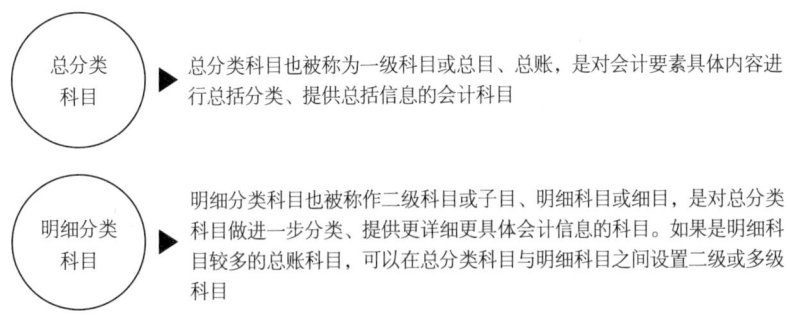

图1-4 总分类科目和明细分类科目的划分方式

简单概括二者的关系，即总账提供的信息是对明细账的综合，对所属明细账起统驭作用，明细账则是对总账的补充和说明。

（2）会计账户

会计账户是根据会计科目设置的，具有一定的格式和结构，用来全面、系统、连续地记录经济业务，反映会计要素增减变动及其结果的工具。它包括账户的名称、账户的用途与结构两方面内容，其中，账户的名称就是会计科目。

由此可见，将会计账户与会计科目区分开来的，就是会计账户具有的结构。简单来说，会计科目是一个概念清晰、简明扼要的名称，而会计账户除了有会计科目以外，还具有便于分类、记录、归集、整理和加工的相应结构。

正因为这一结构的存在，会计账户具有了将繁杂的数据转换为会计信息的功能。只有通过会计账户的分类和规整，企业每天产生的经营数据才能被有效记录到会计信息系统中，成为未来编制财务报表的依据。

企业资金无论如何变动，都不外乎增加或减少两种方式，这就构成了会计账户中的基本要素：本期增加发生额和本期减少发生额，统称为本期发生额。另一个要素为余额，包括本期期初余额和本期期末余额。这几个要素之间的关系可用计算公式表示为

本期期初余额 = 上期期末余额

本期期末余额 = 本期期初余额 + 本期增加发生额 − 本期减少发生额

因此，会计账户分成两部分，一部分记增加，一部分记减少。通常，人们把账户分成左右两部分，账户的左方记借方，右方记贷方，整体呈现为T字形，这就是企业记账常用的T字账户，其中涉及的记账方式就是借贷记账法。

1.1.4 借贷记账法的简单介绍

但凡接触过财务的销售人员,很可能都听说过借贷记账法,以及那句经典的记账规则,即"有借必有贷,借贷必相等"。它是借贷记账法的基础和根本原则,也从侧面反映了借贷记账法的原理,那就是将借方与贷方分列两立,通过对双方科目的核算和结转,实现科学、有效的记账。

下面通过资产类账户来分析借贷记账法的规则,如图1-5所示。

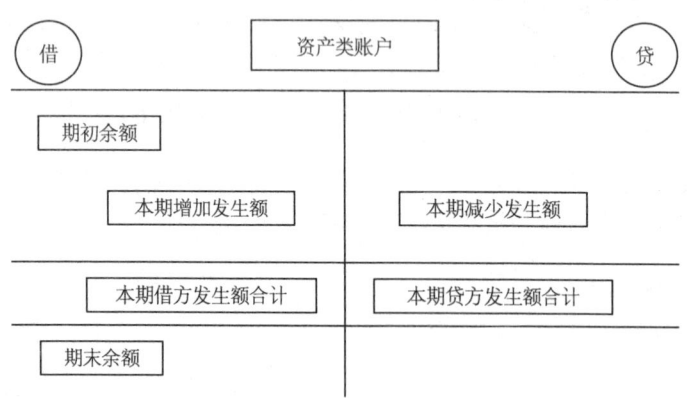

图1-5 通过资产类账户分析借贷记账法

从这个T字账户可以看出,资产类账户的左侧记借方,期初余额、本期增加发生额在借方,期末余额通常在借方;右侧则记贷方,本期减少发生额在贷方。

注意,这里的"借"和"贷"只是记账符号和会计账户中的固定位置,并不代表着金额的增减,只有与具体的账户相结合后,才会体现出相应的增和减。比如,对资产类账户来说,借表示增加,贷表示减少;负债类账户正好相反,贷表示增加,借表示减少,两侧的要素就会发生对调。

具体的账户类型对应的借贷方向比较复杂,记忆起来也比较困难,对于销售人员来说不必过深地涉猎,只需了解其原理和表现形式即可,这里不再赘述。

1.1.5 认识记账、对账与结账

记账、对账与结账都是财会工作中常见的账务操作,也是企业进行账务处理的大致顺序,即先将发生的资金变动记录到账簿中,随后核对账目的正确性,核实无误后就进行最终的汇总与合计。

这样来理解的话,这三项账务处理工作的含义就很清晰了,具体如图1-6所示。

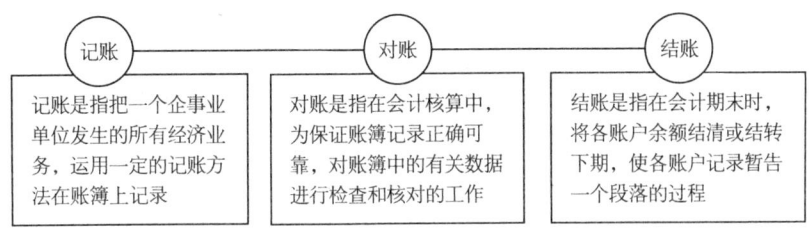

图 1-6 记账、对账与结账的含义

简单来说,记账就是根据时间顺序,将所有发生收付导致的资金变化连续记录起来,形成账簿,供记录者翻阅、查看和了解。这就涉及账簿的登记和管理。那么,账簿又有哪些需要销售人员了解的知识呢?

账簿是由具有一定格式的账页组成的,用来序时、分类地记录各项经济业务的簿籍,它是编制财务报表的依据,也是保存会计资料的重要工具。通过将会计凭证(指记录经济业务发生或者完成情况的书面证明,分为原始凭证和记账凭证)所记录的经济业务逐一记入有关账簿,可以反映会计主体在一定时期内所发生的各项资金运动。

也就是说,账簿其实就是会计凭证的汇总,是会计信息的进一步集中。记账、对账和结账的操作,都是基于会计账簿完成的。

其中,记账的内容在第 1.1.4 节有所介绍,这里不再详述。下面就来进一步了解对账和结账的基础知识。

(1)对账

一般来说,企业的对账工作主要分为四个部分,分别是账证核对、账账核对、账实核对和账表核对,其具体含义和工作内容见表 1-2。

表 1-2 对账的四项工作内容

工 作	含 义	具体内容
账证核对	指的是在账簿记录与会计凭证之间进行的核对工作,也是保证账账、账实相符的基础	①核对总账与记账凭证汇总表,看是否相符 ②核对记账凭证汇总表与记账凭证,看是否相符 ③核对明细账与记账凭证及所涉及的支票号码和其他结算票据种类等,看是否相符
账账核对	指的是核对各种账簿之间是否相符。包括本单位各种账簿之间的有关数据,本单位同其他单位的往来账项等	①核对总账资产类科目各账户与负债、所有者权益类科目各账户的余额合计数,看是否相符 ②核对总账各账户与所属明细账户之间本期发生额的合计数,看是否相符 ③核对会计部门的总账、明细账与有关职能部门的账、卡,看是否相符

续上表

工作	含义	具体内容
账实核对	指的是各种财产物资的账面余额与实际数额之间的核对	①核对现金日记账的账面余额与现金实际库存数额，看是否相符 ②核对银行存款日记账的账面余额与开户银行对账单的账面余额，看是否相符 ③核对有价证券账户与单位实存有价证券（如国库券、重点企业债券、股票或收款票据等）的数量、金额等，看是否相符 ④核对商品、产品、原材料，以及其他财产等明细账的账面余额与库存数量，看是否相符 ⑤核对各种债权、债务类明细账的账面余额与债权、债务人的账面记录，看是否相符
账表核对	指的是会计账簿记录与会计报表之间相关内容的核对，也是唯一在结账结束后进行的对账工作	将账簿记录与会计报表之间的相关数据进行核对，看是否相符

财会人员在对账过程中若发现错账，应在结账前更正。更正的方式主要有三种。

①画线更正法。适用于记账凭证无误，只是会计账簿中的文字或是数字错误的情形。

②红字更正法。适用于记账后发现记账凭证中会计科目有误，或是会计科目无误，但所记金额大于应记金额的情形。

③补充登记法。适用于记账后发现记账凭证中会计科目无误，但所记金额小于应记金额的情形。

（2）结账

结账从字面意义上来看，就是一种计算、总结的工作，对象是各种账簿的本期发生额和期末余额，目的是将某一个会计期间内经济活动的财务收支状况汇总，据以编制财务会计报表。

结账的具体工作内容如下所示：

①检查本期内日常发生的经济业务是否已全部登记入账，若发现漏账、错账，应及时补记、更正。

②在实行权责发生制的单位，应按照权责发生制的要求进行账项调整的账务处理，以计算确定本期的成本、费用、收入和财务成果。

③将损益类科目转入"本年利润"科目，结平所有损益类科目。

④本期全部经济业务登记入账的基础上，结算出各种账簿的本期发生额和期末余额。

根据结账的时间点的不同,结账工作主要分为月结、季结和年结。由于每项结账工作需要在账簿上注明的内容和进行的操作有所不同,销售人员也不会有太多涉及,因此这里不再详述,有需求或感兴趣的读者可以自行查找资料学习。

1.2 销售人员涉及的财务业务

对于销售人员来说,了解并熟悉与自身相关的财会业务应该是比较急迫的,毕竟这是与自身工作和利益息息相关的事情。那么,销售人员通常会涉及的会计资料和业务有哪些呢?下面来逐一了解。

1.2.1 企业中有哪些涉及销售业务的会计资料

企业中的会计资料种类繁多,发展历程越长、规模越大的企业,其内部的会计资料就积累得越多,尽管在保存超过最低保管期限后可以合法销毁,但依旧极为繁杂和庞大。

当然,对于销售人员来说,大部分会计资料都不会涉及甚至接触到,比如会计账簿、纳税申报表、银行对账单等(但一般经申请后可以查阅,不同企业赋予员工的权限有所不同)。不过,对于有关销售方面的会计资料,销售人员还是会经常用到的,主要包括发票、银行结算凭证、借款单和报销单等。

这四种会计资料的具体含义和用途如图 1-7 所示。

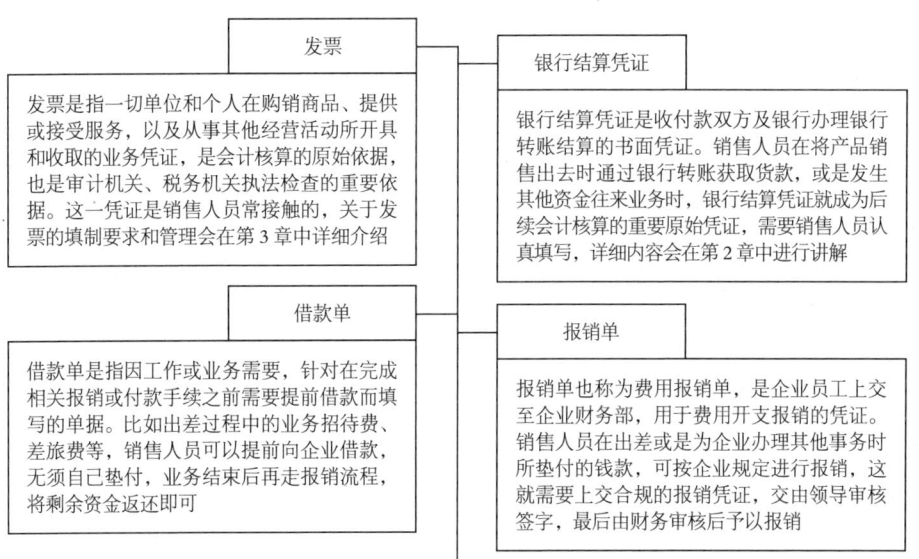

图 1-7 有关销售方面的会计资料

对于销售人员来说，为了拓宽业务范围，提升业绩数据，向外发展是必不可少的，这就涉及各项外出业务。因此，销售人员有必要熟悉报账流程和相关单据的填写，以免因报账手续不合规而错失应得的报销费用。

1.2.2 出差前后的报账流程

前面在介绍会计资料时提到过，销售人员在出差时产生的费用有两种处理方式，一是提前开具借款单，拿到企业提供的借款后再出差办理业务；二是先自己垫付出差的费用，等回到公司后凭借发票等费用凭证报销出差费用。

先来通过图 1-8 了解提前借款出差报账的一般流程。

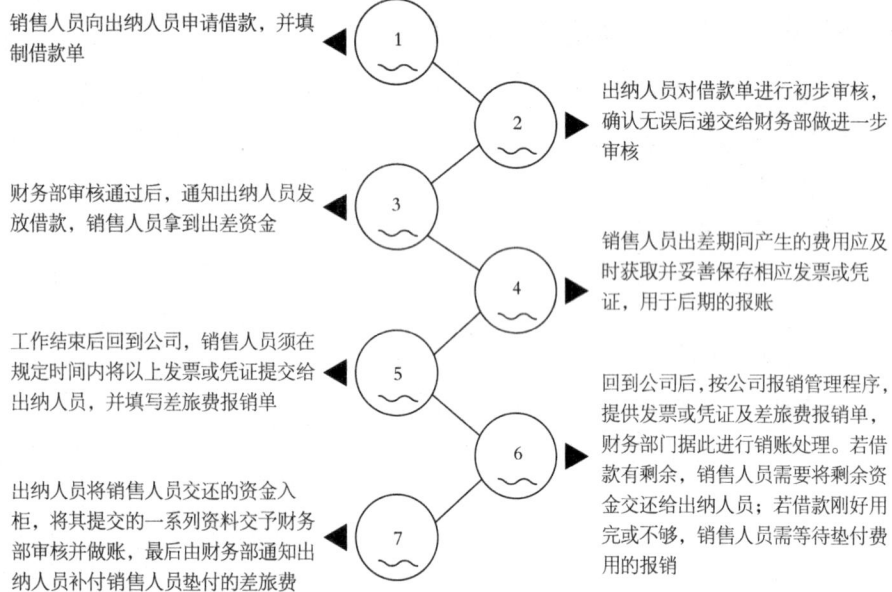

图 1-8　提前借款出差报账流程

从图 1-8 中可以看出，尽管提前借款出差的方式对于销售人员来说，在资金方面不会有太大压力，但其审核流程比较复杂，审核周期也可能拉长，有时候反而会耽误自己的工作。因此，有的销售人员也会选择先出差，完成工作后再向公司提交报销申请的方式。

这种方式省去了图 1-8 中的前三步流程，不过销售人员在出差过程中依旧要开具并保留好发票等相关凭证，回到公司后填写并提交差旅费报销单及发票等相关凭证，最后等待财务部审核，通过后批准发放应报销的费用。

对于大部分管理层级明确、内部运营条理清晰的企业来说，这两种方式都是被允许的，并且还会根据员工的职位级别适当缩放报销费用的范围和金额，比如允许达到管理层级的销售人员在出差时乘坐飞机并予以报销，业务招待费的金额提高到 5 000.00 元等。因此，销售人员在出差前，可以先了解清楚公司的报销管理制度，以及自身职位等级能报销的范围，以便安排后续工作。

1.2.3 如何正确填写借款单和报销单

销售人员在报账时，借款单和报销单一定要按规定填写，否则会被打回重填，这样不仅会浪费自己和相关财会人员的时间，还会将审核周期拉得很长，耽误费用的发放和账务的处理。下面先来介绍借款单的填写，图 1-9 是借款单的常见样式。

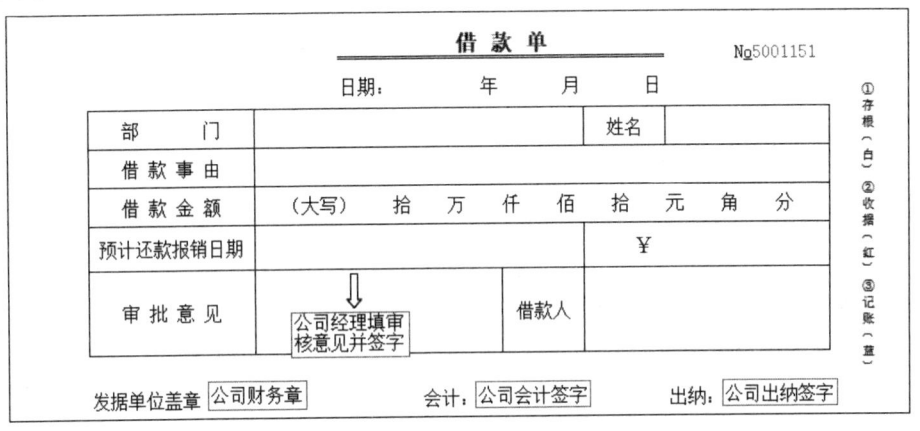

图 1-9 借款单的常见样式

销售人员在填写借款单时，需注意以下事项：

①必须按照借款单上所列的相关内容填写清楚，用黑色或蓝黑墨水书写，字迹清晰，项目要逐一填写完整，不得有空缺。

②借款单位（部门）、借款事由必须具体详细。

③借款金额大写要书写正确，不得涂改。

④借款单填写日期、预计还款报销日期要填写到日。

申请人即销售人员在填写完成借款单后，先由出纳人员审核，确认无误后在相应位置签字，随后递交给财务部，由相关人员出具审核意见并签字盖章，最后财务部据此做账，向销售人员发放借款。

需要注意的是，有些公司对借款的发放和收回有一定的规定，比如对提交时间和还款期限的约束等，下面通过某公司对于借款的规定来了解。

实例分析 某公司对借款的有关规定

为了规范公司和个人借款行为，更好地按照财务管理规定办事，及时掌握公司货币资金情况，通过××集团公司领导研究决定，对借款的有关规定作如下说明。

1. 凡因公借支票，实际支付金额不得超过借款单金额。空白支票必须在"收款人签字"栏中加注收款单位名称标记，支票存根收款单位名称填写与票据联的收款单位名称需完全一致。

原则上当天将支票存根送交财务，特殊情况第二天要向财务部说明原因，支票存根送交财务部时间最长不得超过三日，与支票相关的单据送交财务部时间不得超过借款单所注明的还款日期。

2. 出差借款，出差人员返回以后五日内到财务部结算清楚，交回余款，不得拖欠。

3. 所借支票和现金，财务部会计人员须在还款日到期前五日，第一次电话通知借款人。会计人员登记电话通知单，做好电话记录，出纳人员在证明人处签字，做好证明。

超过三天仍未还款，财务会计第二次电话通知借款人，两天后仍未还款，会计人员填写执行通知单，交批准领导签字后转人力资源部执行扣款，对借款人和批准领导每人扣工资××元。

4. 财务人员必须按规定的借款流程操作执行，否则分别对会计人员、财务部长、分管副总扣罚工资××元、××元、××元。

5. 借款期限最长为30天，到期如不能按时归还欠款，在财务人员第二次通知归还欠款时，重新办理借款单，只限两次（含上次），连续两次不能归还的，由总经理审批处理。

6. 本借款单一式三份，财务、借款人、批准领导各一份。

7. 其他相关事宜由财务部负责解释。

××年×月×日
财务部

每个企业的规定可能有所不同，销售人员在借款之前有必要了解清楚，以免违反规定遭受处罚。下面来认识一下报销单的填写。

除了借款单之外，销售人员还会涉及差旅费报销单和费用报销单，这两种单据的格式大有不同，用于报销的项目也有所不同。图1-10是差旅费报销单的常见样式。

差旅费报销单											
报销部门：										年 月 日	
姓名		职别				出差事由					
出差情况	日期	区间	人数	天数	其中：途中天数	局内/局外	补贴项目	人数	天数	标准	金额
	月 日- 月 日						伙食补贴				
	月 日- 月 日						交通费补贴				
	月 日- 月 日						司机出车补贴				
	月 日- 月 日						末卧补贴				
	月 日- 月 日						小 计				
项目		报销数		审核数		说明：					
		单据张数	报销金额	单据张数	审核金额						
住宿费											
车船票						主（分）管领导审批：					
飞机票											
小计											
合计金额大写：						合计金额小写：					
单位盖章		会计		出纳				报销人			

图1-10　差旅费报销单的常见样式

差旅费报销单专用于报销出差费用，销售人员在填写时的基本要求与借款单类似，同时还要按照发票及相关凭证上的金额如实填写，填写的单据数量与所附的凭证数量要一致。达到补贴发放要求的，需按照公司报销制度的规定进行填写，不得随意更改。填写完毕交予相关人员审核后，出具审批意见并签章，即可完成报销。

图1-11是费用报销单的常见样式。

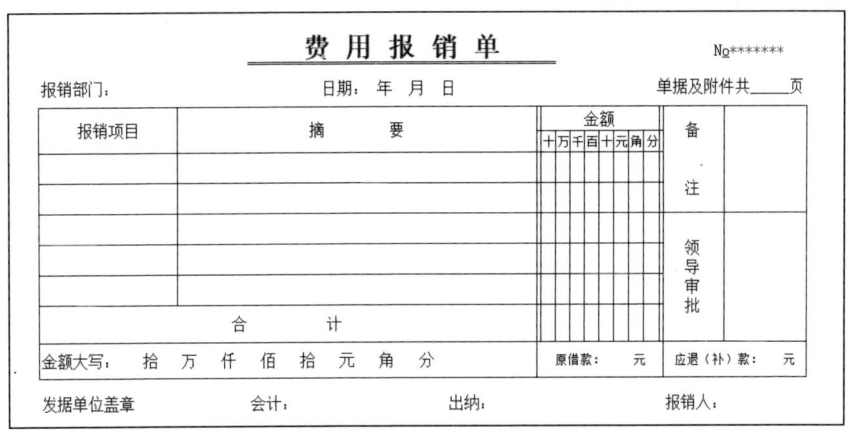

图1-11　费用报销单的常见样式

费用报销单多用于企业日常业务的报销，如车辆使用费、通信费、安全生产费、低值易耗品、销售费用和宣传费用等。只要符合报销要求，并取得有效凭证，销售人员都可以申请并填写报销。

费用报销单填写的基本要求与前面的单据类似，但还需特别注意以下几点：
① 报销项目填写清楚，摘要简洁明了。
② "备注"栏一般用于填写转账时对方单位的银行账户名称、开户行名称和银行账号等信息，也可填写费用用途的补充说明。
③ 若销售人员在前期向公司借了款，则需要在"原借款"栏内填写前期的借款金额，在"应退（补）款"栏填写销售人员应当退回公司或公司应当补给销售人员的金额。

1.3　认识常见的财务报表很重要

财务报表是反映企业或预算单位一定时期资金、利润状况的会计报表，主要包括资产负债表、利润表、现金流量表和所有者权益变动表四种。我国财务报表的种类、格式、编报要求，均由统一的会计制度作出规定，要求企业定期编报，上市公司还要定期向公众发布。

这些财务报表都是根据会计账簿编制的，涵盖了从现有资产到经营状况的方方面面，外界能够利用这些报表对企业现状做出大致的判断，进而选择是否合作或投资。

对于销售人员来说，在与客户的日常交涉中，免不了对公司经营状况和产品成本、利润、库存等进行介绍，而这些内容在财务报表中都有所体现。因此，要做到心中有数，销售人员就需要了解这些财务报表所包含的内容和含义。

1.3.1　资产负债表反映企业财务状况

资产负债表是表示企业在一定日期（通常为各会计期末）的财务状况（即资产、负债和所有者权益的状况）的主要会计报表。

根据会计平衡原则（资产 = 负债 + 所有者权益），资产负债表将合乎会计原则的资产、负债、股东权益等交易科目分为"资产"和"负债及股东权益"两大区块，在经过分录、转账、分类账、试算、调整等会计程序后，以特定日期的静态企业情况为基准，浓缩成一张报表。

因此，资产负债表是一张静态报表，它表明企业在某一特定日期所拥有或控制的经济资源、所承担的现有义务和所有者享有的净资产份额。销售人员可根据此报表快速了解企业经营状况，对企业的资产、负债及股东权益的总额及其内部各项目的构成和增减变化有一个初步的认识。

图 1-12 是常见的资产负债表。

资产负债表

会企 01 表

编制单位：　　　　　　　　　　　年　月　日　　　　　　　　　　　单位：元

资产	期末余额	上年年末余额	负债和所有者权益（或股东权益）	期末余额	上年年末余额
流动资产：			流动负债：		
货币资金			短期借款		
交易性金融资产			交易性金融负债		
衍生金融资产			衍生金融负债		
应收票据			应付票据		
应收账款			应付账款		
应收款项融资			预收款项		
预付款项			合同负债		
其他应收款			应付职工薪酬		
存货			应交税费		
合同资产			其他应付款		
持有待售资产			持有待售负债		
一年内到期的非流动资产			一年内到期的非流动负债		
其他流动资产			其他流动负债		
流动资产合计			流动负债合计		
非流动资产：			非流动负债：		
债权投资			长期借款		
其他债权投资			应付债券		
长期应收款			其中：优先股		
长期股权投资			永续债		
其他权益工具投资			租赁负债		
其他非流动金融资产			长期应付款		
投资性房地产			预计负债		
固定资产			递延收益		
在建工程			递延所得税负债		
生产性生物资产			其他非流动负债		
油气资产			非流动负债合计		
使用权资产			负债合计		
无形资产			所有者权益（或股东权益）：		
开发支出			实收资本（或股本）		
商誉			其他权益工具		
长期待摊费用			其中：优先股		
递延所得税资产			永续债		
其他非流动资产			资本公积		
非流动资产合计			减：库存股		
			其他综合收益		
			专项储备		
			盈余公积		
			未分配利润		
			所有者权益（或股东权益）合计		
资产总计			负债和所有者权益（或股东权益）总计		

单位负责人：　　　　　　财务主管：　　　　　　制表人：

图 1-12　资产负债表

1.3.2 利润表体现企业经营成果

利润表是反映企业在一定会计期间经营成果的报表,由于它反映的是某一期间的情况,所以利润表是一张动态报表,图1-13是常见的利润表。

利润表

编制单位：　　　　　　　　　　年　月　　　　　　　　　　　会企02表
单位：元

项目	本期金额	上期金额
一、营业收入		
减：营业成本		
税金及附加		
销售费用		
管理费用		
研发费用		
财务费用		
其中：利息费用		
利息收入		
加：其他收益		
投资收益（损失以"-"号填列）		
其中：对联营企业和合营企业的投资收益		
以摊余成本计量的金融资产终止确认收益（损失以"-"号填列）		
净敞口套期收益（损失以"-"号填列）		
公允价值变动收益（损失以"-"号填列）		
信用减值损失（损失以"-"号填列）		
资产减值损失（损失以"-"号填列）		
资产处置收益（损失以"-"号填列）		
二、营业利润（亏损以"-"号填列）		
加：营业外收入		
减：营业外支出		
三、利润总额（亏损总额以"-"号填列）		
减：所得税费用		
四、净利润（净亏损以"-"号填列）		
（一）持续经营净利润（净亏损以"-"号填列）		
（二）终止经营净利润（净亏损以"-"号填列）		
五、其他综合收益的税后净额		
（一）不能重分类进损益的其他综合收益		
1.重新计量设定受益计划变动额		
2.权益法下不能转损益的其他综合收益		
3.其他权益工具投资公允价值变动		
4.企业自身信用风险公允价值变动		
……		
（二）将重分类进损益的其他综合收益		
1.权益法下可转损益的其他综合收益		
2.其他债权投资公允价值变动		
3.金融资产重分类计入其他综合收益的金额		
4.其他债权投资信用减值准备		
5.现金流量套期储备		
6.外币财务报表折算差额		
……		
六、综合收益总额		
七、每股收益：		
（一）基本每股收益		
（二）稀释每股收益		

图 1-13　利润表

利润表通过对当期的收入、费用、支出项目按性质加以归类，按利润形成的主要环节列示一些中间性利润指标，如营业利润、利润总额、净利润等，分步计算当期净损益，是企业一段时期内经营成果的体现。

1.3.3 现金流量表代表企业现金流变动

现金流量表是反映一定时期内（如月度、季度或年度）企业经营活动、投资活动和筹资活动对其现金及现金等价物产生影响的财务报表。图 1-14 是常见的现金流量表。

现金流量表

会企 03 表

编制单位：　　　　　　　　　　年　月　　　　　　　　　　　单位：元

项目	本月金额	本年累计金额
一、经营活动产生的现金流量：		
销售商品、提供劳务收到的现金		
收到的税费返还		
收到其他与经营活动有关的现金		
经营活动现金流入小计		
购买商品、接受劳务支付的现金		
支付给职工以及为职工支付的现金		
支付的各项税费		
支付其他与经营活动有关的现金		
经营活动现金流出小计		
经营活动产生的现金流量净额		
二、投资活动产生的现金流量：		
收回投资收到的现金		
取得投资收益收到的现金		
处置固定资产、无形资产和其他长期资产收回的现金净额		
处置子公司及其他营业单位收到的现金净额		
收到其他与投资活动有关的现金		
投资活动现金流入小计		
购建固定资产、无形资产和其他长期资产支付的现金		
投资支付的现金		
取得子公司及其他营业单位支付的现金净额		
支付其他与投资活动有关的现金		
投资活动现金流出小计		
投资活动产生的现金流量净额		
三、筹资活动产生的现金流量：		
吸收投资收到的现金		
取得借款收到的现金		
收到其他与筹资活动有关的现金		
筹资活动现金流入小计		
偿还债务支付的现金		
分配股利、利润或偿付利息支付的现金		
支付其他与筹资活动有关的现金		
筹资活动现金流出小计		
筹资活动产生的现金流量净额		
四、汇率变动对现金及现金等价物的影响		
五、现金及现金等价物净增加额		
加：期初现金及现金等价物余额		
六、期末现金及现金等价物余额		

单位负责人：　　　　　财务主管：　　　　　制表人：

图 1-14　现金流量表

现金流量表详细描述了由企业的经营、投资与筹资活动产生的各种现金流，其数据可用于分析企业在短期内有没有足够现金去应付开销，反映了企业的短期生存能力，特别是缴付账单的能力。这一点应该是客户比较关心的，销售人员可重点分析。

1.3.4 所有者权益变动表反映所有者权益情况

所有者权益变动表是反映企业本期（年度或中期）内，截至期末所有者权益变动情况的报表。图1-15是常见的所有者权益变动表。

在所有者权益变动表中，主要包含以下项目：

①会计政策变更和前期差错更正。

②所有者投入和减少资本。

③提取的盈余公积。

④对所有者（或股本）的分配。

⑤所有者权益内部结构，如资本公积转增资本（或股本）、盈余公积转增资本（或股本）等。

由此可见，所有者权益变动表既可以为报表使用者提供所有者权益总量增减变动的信息，也能为其提供所有者权益包含项目的变动细节，让报表使用者精准定位所有者权益增减变动的根源。

图1-15 所有者权益变动表

第2章

支付结算方式与应收账款的催缴

涉及产品的销售,就一定会遇到账款的收支及应收账款的产生,销售人员也因此会接触到各种各样的支付结算手段,有时候还会催促拖欠货款的客户付款。为了更好地开展销售工作,在货款方面与客户共同实现便捷、高效交易,销售人员有必要熟悉各种常见的支付结算方式,以及对应收账款的合理管理和催缴。

2.1 销售过程中常用的支付结算方式

支付结算是指单位、个人在社会经济活动中使用各种票据、银行账户、汇兑、委托收款、托收承付、信用证等结算方式,进行货币给付及其资金清算的行为。

在销售过程中,由于销售对象及资金量的不同,每一次交易选择的支付方式都可能不同,比如金额小的可能选择现金支付,金额大的就可能选择开具支票或者商业汇票等。因此,销售人员有必要对各种支付结算手段的使用方法进行了解,避免因这方面知识的匮乏导致交易停滞,甚至丢掉订单。

2.1.1 汇票的不同种类与使用方式

根据《中华人民共和国票据法》(以下简称《票据法》)第十九条规定:"汇票是出票人签发的,委托付款人在见票时或者在指定日期无条件支付确定的金额给收款人或者持票人的票据。"

汇票是国际结算中使用最广泛的一种信用工具之一,它属于一种委付凭证,其中包含了三个存在法律关系的当事人,即出票人、委托付款人和持票人,具体如图2-1所示。

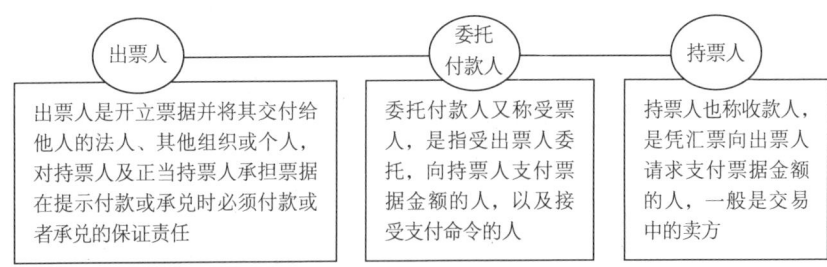

图 2-1　汇票的当事人

《票据法》第二十一条还规定："汇票的出票人必须与付款人具有真实的委托付款关系，并且具有支付汇票金额的可靠资金来源。不得签发无对价的汇票用以骗取银行或者其他票据当事人的资金。"

在大致了解汇票的构成和原理后，下面就来进行更详尽的学习。汇票主要包括银行汇票和商业汇票两种，首先来介绍银行汇票。

（1）银行汇票

银行汇票是指由出票银行签发的，由支付款项的银行在见票时按照实际结算金额无条件付给收款人或者持票人的票据。

从其定义中不难发现三个当事人的身份。

①出票人：签发汇票的银行（经中国人民银行批准的，可办理银行汇票的银行）。

②委托付款人：负责向收款人支付款项的银行（可以与出票人是同一个银行，也可以是不同的银行）。

③收款人：从银行提取汇票所汇款项的单位或个人，可以是汇款人本人，也可以是与汇款人有商品交易往来的人。

银行汇票多用于办理异地转账结算和支取现金，具有使用灵活、票随人到、兑现性强等特点，适用于先收款后发货或钱货两清的商品交易。这样的销售场景还是比较多的，销售人员可优先考虑。

根据《票据法》第二十二条规定，银行汇票在出具时，必须记载下列事项：

①表明"汇票"的字样。

②无条件支付的委托。

③确定的金额。

④付款人名称。

⑤收款人名称。

⑥出票日期。

⑦出票人签章。

汇票上未记载以上规定事项之一的，汇票无效。另外，汇票上可以记载以上规定事项以外的其他出票事项，但是该记载事项不具有汇票上的效力。

图2-2是银行汇票的常见样式。

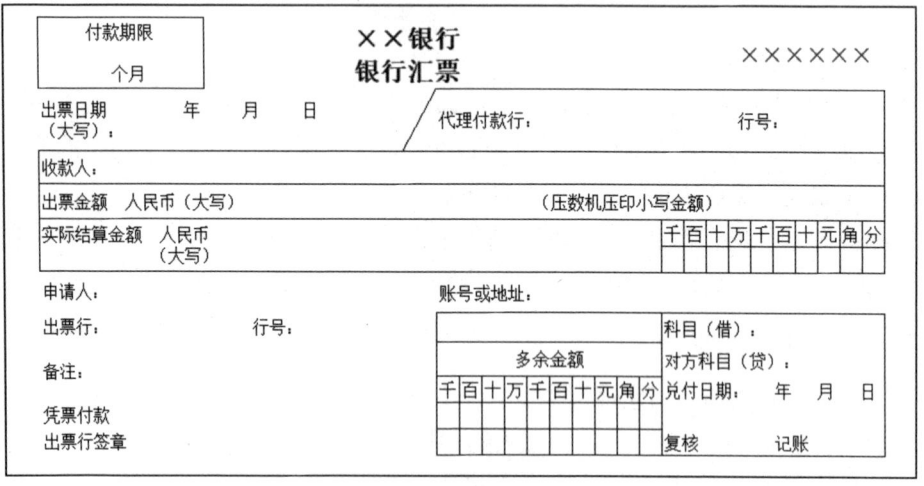

图2-2　银行汇票的常见样式

注意，汇票上记载付款日期、付款地、出票地等事项的，应当清楚、明确。汇票上未记载付款日期的，为见票即付。汇票上未记载付款地的，付款人的营业场所、住所或者经常居住地为付款地。汇票上未记载出票地的，出票人的营业场所、住所或者经常居住地为出票地。

在通过银行汇票进行交易时，还需要注意以下几项：

①银行汇票的出票和付款，全国范围限于中国人民银行和各商业银行参加"全国联行往来"的银行机构办理。

②跨系统银行签发的转账银行汇票的付款，应通过同城票据交换，将银行汇票和解讫通知提交给同城的有关银行审核支付后抵用。

③代理付款人不得受理未在本行开立存款账户的持票人为单位直接提交的银行汇票。

④省、自治区、直辖市内和跨省、市的经济区域内银行汇票的出票和付款，按照有关规定办理。

下面来介绍一下银行汇票的办理流程，如图 2-3 所示。

申请 ▶ 申请人向出票银行填写"银行汇票申请书"，包括收款人名称、汇票金额、申请人名称和申请日期等信息，签章后提交给出票银行

签发并交付 ▶ 出票银行受理申请并收妥款项后，签发银行汇票，将银行汇票与解讫通知一并交予申请人。申请人再将银行汇票与解讫通知交付给汇票上记载的收款人

受理 ▶ 收款人收到申请人交付的银行汇票后，受理银行汇票，并审查以下内容：①银行汇票与解讫通知是否齐全，汇票号码与记载内容是否一致；②收款人是否确为本单位或个人；③银行汇票是否在提示付款期限内（自出票日起一个月）；④必须记载的事项是否齐全；⑤出票人签章是否符合规定，大小写金额是否一致；⑥出票金额、日期和收款人名称是否有更改，更改的其他记载事项是否由原记载人签章证明

背书 ▶ 若收款人想将银行汇票转让给其他单位或个人，需在其背面背书，填明被背书人名称或姓名并签章。没有填写实际结算金额或实际结算金额超过出票金额的银行汇票，以及现金银行汇票，不得背书转让

提示付款 ▶ 持票人（收款人）向委托付款银行（持票人已在该银行开立存款账户）或任意银行（持票人未在委托付款银行开立存款账户）提示付款，在银行汇票背面"持票人向银行提示付款签章处"签章后，将其与解讫通知、进账单一并交予银行。若持票人未在委托付款银行开立存款账户，还需在银行汇票背面填明本人身份证件名称、号码、发证机关，由本人向银行提交身份证件原件及复印件

退款和丧失 ▶ 在使用银行汇票的过程中，若申请人申请退款，需将银行汇票与解讫通知交予出票银行，并出具单位证明或个人身份证明。若银行汇票丧失，应由丧失人凭借人民法院出具的证明其享有票据权利的证明，向出票银行请求付款或退款

图 2-3　银行汇票的办理流程

（2）商业汇票

商业汇票是出票人签发的，委托付款人在指定日期无条件支付确定的金额给收款人或持票人的票据，分为商业承兑汇票和银行承兑汇票。

除了收款人以外，商业汇票的另外两个当事人相较于银行汇票有所不同。出票人是需要使用商业汇票的工商企业，委托付款人（承兑人）则根据商业汇票的分类，分为银行以外的付款人（商业承兑汇票）和银行（银行承兑汇票）。

图 2-4（a）是商业承兑汇票，（b）是银行承兑汇票。

商业承兑汇票 ××××××

出票日期（大写） 年 月 日

付款人	全称		收款人	全称	
	账号			账号	
	开户银行			开户银行	
出票金额	人民币（大写）				亿 千 百 十 万 千 百 十 元 角 分
汇票到期日（大写）			付款人开户行	行号	
交易合同号码				地址	
本汇票已经承兑，到期无条件支付票款。 承兑人签章 承兑日期 年 月 日			本汇票请予以承兑，并于到期日付款。 出票人签章		

（a）

银行承兑汇票 ××××××

出票日期（大写） 年 月 日

出票人全称		收款人	全称		
出票人账号			账号		
付款行全称			开户银行		
出票金额	人民币（大写）				亿 千 百 十 万 千 百 十 元 角 分
汇票到期日（大写）		付款行	行号		
承兑协议编号			地址		
本汇票请你行承兑，到期无条件支付票款。 出票人签章 承兑日期 年 月 日			本汇票已经承兑，到期日由本行付款。		密押
			备注：		复核 记账

（b）

图 2-4 商业承兑汇票与银行承兑汇票的常见样式

相较于银行汇票，商业汇票存在以下几项特点，如图 2-5 所示。

图 2-5 商业汇票的特点

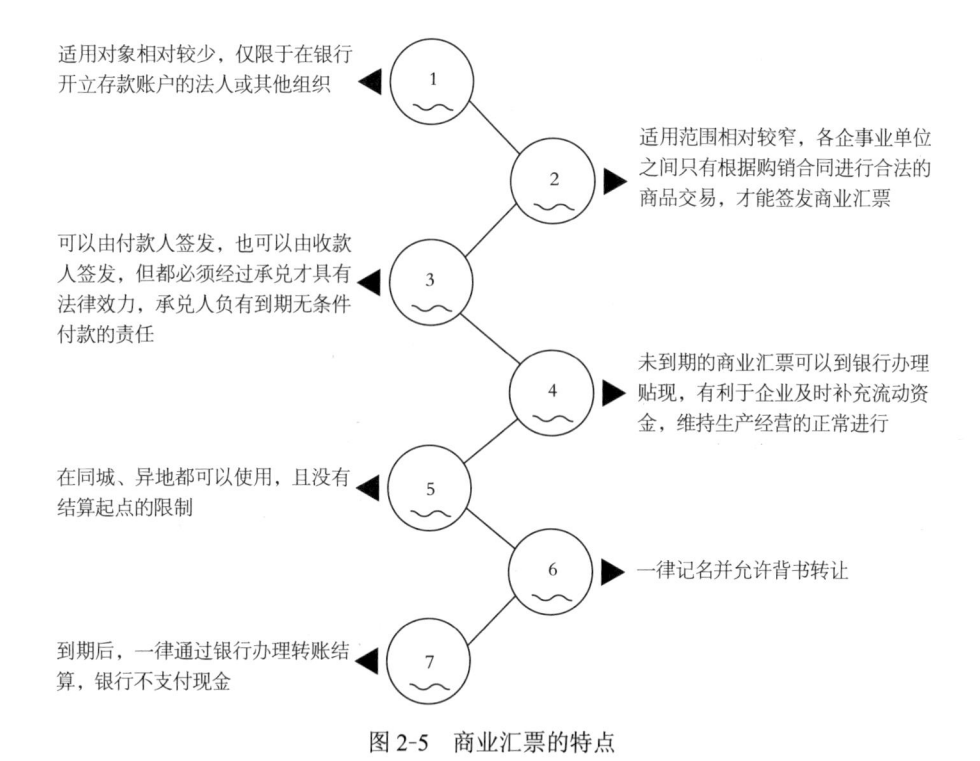

1. 适用对象相对较少，仅限于在银行开立存款账户的法人或其他组织
2. 适用范围相对较窄，各企事业单位之间只有根据购销合同进行合法的商品交易，才能签发商业汇票
3. 可以由付款人签发，也可以由收款人签发，但都必须经过承兑才具有法律效力，承兑人负有到期无条件付款的责任
4. 未到期的商业汇票可以到银行办理贴现，有利于企业及时补充流动资金，维持生产经营的正常进行
5. 在同城、异地都可以使用，且没有结算起点的限制
6. 一律记名并允许背书转让
7. 到期后，一律通过银行办理转账结算，银行不支付现金

从图 2-5 中可以看到，商业汇票既可以由付款人签发，也可以由收款人签发，这一点与银行汇票存在明显的区别。因此，商业汇票的使用就存在以下两种情况：

①商业汇票由付款人签发。这种情况下，出票人是基础关系中的债务人，收款人应当是其相对债权人。该债权人收到票据后，向与出票人有资金关系的其他工商企业或银行提示承兑，该债权人即可凭票据在规定日期收取相应的款项。

②商业汇票由收款人签发。在这种情况下，出票人是基础关系中的债权人，那么出票人应当是收款人。出票人作为债权人向其相对债务人签发汇票，再由该债务人向其开户银行提示承兑并供应充足资金后，再将汇票交还给出票人。原出票人可在规定日期持票通过银行收取债务人支付的票面金额。

根据中国人民银行制定的《支付结算办法》规定，在使用商业汇票时，有以下几项需要特别注意，如图 2-6 所示。

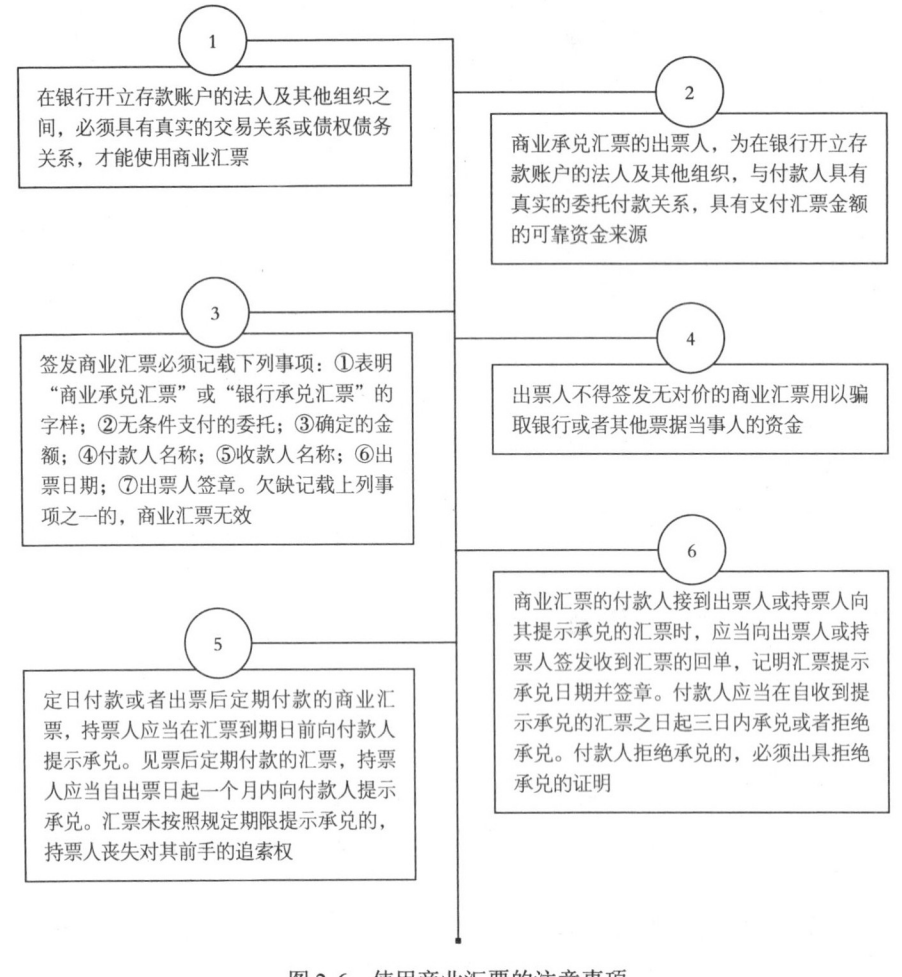

1 在银行开立存款账户的法人及其他组织之间，必须具有真实的交易关系或债权债务关系，才能使用商业汇票

2 商业承兑汇票的出票人，为在银行开立存款账户的法人及其他组织，与付款人具有真实的委托付款关系，具有支付汇票金额的可靠资金来源

3 签发商业汇票必须记载下列事项：①表明"商业承兑汇票"或"银行承兑汇票"的字样；②无条件支付的委托；③确定的金额；④付款人名称；⑤收款人名称；⑥出票日期；⑦出票人签章。欠缺记载上列事项之一的，商业汇票无效

4 出票人不得签发无对价的商业汇票用以骗取银行或者其他票据当事人的资金

5 定日付款或者出票后定期付款的商业汇票，持票人应当在汇票到期日前向付款人提示承兑。见票后定期付款的汇票，持票人应当自出票日起一个月内向付款人提示承兑。汇票未按照规定期限提示承兑的，持票人丧失对其前手的追索权

6 商业汇票的付款人接到出票人或持票人向其提示承兑的汇票时，应当向出票人或持票人签发收到汇票的回单，记明汇票提示承兑日期并签章。付款人应当在自收到提示承兑的汇票之日起三日内承兑或者拒绝承兑。付款人拒绝承兑的，必须出具拒绝承兑的证明

图 2-6　使用商业汇票的注意事项

2.1.2　银行本票支付更简便

银行本票是银行签发的，承诺自己在见票时无条件支付确定的金额给收款人或者持票人的票据。

在销售过程中，这样的支付结算方式也很常见，单位和个人在同一票据交换区域需要支付的各种款项，均可以使用银行本票。银行本票可以用于转账，注明"现金"字样的银行本票可以用于支取现金。

与银行汇票和商业汇票不同，银行本票只涉及两个当事人，即出票银行和收款人。银行本票的出票人为经中国人民银行批准办理银行本票业务的银行，这样才能保证出票人具有支付本票金额的可靠资金来源，并保证支付。银行本

票需由申请人向银行申请后签发。

按照其金额是否固定，银行本票可分为不定额和定额两种。

不定额银行本票：是指凭证上金额栏是空白的，签发时根据实际需要填写金额（起点金额为 100.00 元），并用压数机压印金额的银行本票。

定额银行本票：是指凭证上预先印有固定面额的银行本票，面额有 1 000.00 元、5 000.00 元、1.00 万元和 5.00 万元。

图 2-7 是银行本票的常见样式。

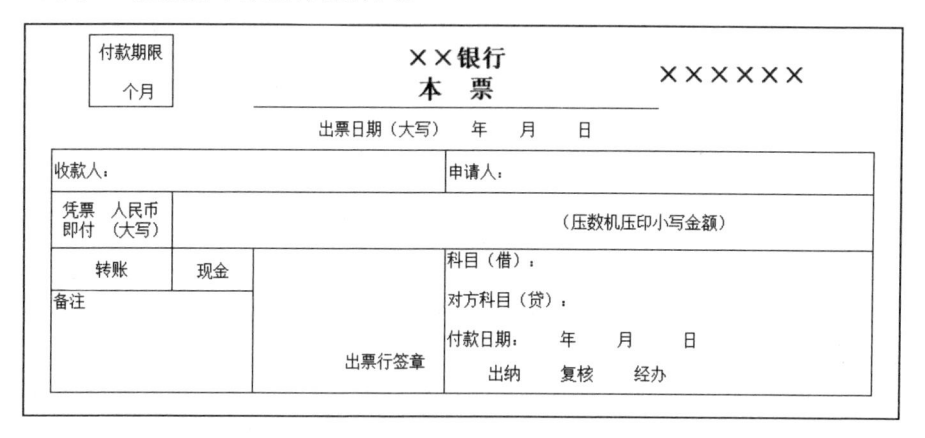

图 2-7　银行本票的常见样式

签发银行本票必须记载下列事项，欠缺记载下列事项之一的，银行本票无效。

①表明"银行本票"的字样；②无条件支付的承诺；③确定的金额；④收款人名称；⑤出票日期；⑥出票人签章。

注意，银行本票上的出票人签章，为该银行的本票专用章加其法定代表人或其授权代理人的签名或者盖章。银行汇票专用章、银行本票专用章须经中国人民银行批准。

本票上记载付款地、出票地等事项的，应当清楚、明确。本票上未记载付款地的，出票人的营业场所为付款地。本票上未记载出票地的，出票人的营业场所为出票地。

银行本票的使用流程与银行汇票比较类似，但在细节上还是存在一定差异，具体如下所示：

①申请人要使用银行本票，应向银行填写"银行本票申请书"。申请人和收款人均为个人需要支取现金的，应在"支付金额"栏先填写"现金"字样，后填写支付金额。

②出票银行受理银行本票申请书，收妥款项签发银行本票。用于转账的，

在银行本票上划去"现金"字样；申请人和收款人均为个人需要支取现金的，在银行本票上划去"转账"字样。不定额银行本票用压数机压印出票金额。出票银行在银行本票上签章后交给申请人。

其他有关申请人将银行本票交付给收款人、收款人审查相关内容、收款人向银行提示付款、背书转让、申请人退款、银行本票丧失等内容，皆与银行汇票类似，这里不再赘述。

不过有一点需要特别注意，银行本票自出票日起，付款期限最长不得超过两个月。本票的持票人未按照规定期限提示见票的，丧失对出票人以外的前手的追索权。这一点与银行汇票有所不同，银行汇票的付款期限为一个月。

2.1.3　不同种类的支票委托银行支付

支票是出票人签发的，委托办理支票存款业务的银行或者其他金融机构在见票时无条件支付确定的金额给收款人或者持票人的票据。支票也是常用的支付结算手段之一，单位和个人在同一票据交换区域的各种款项结算，均可以使用支票。

支票的当事人有三个，即出票人、委托付款人和收款人。出票人指的是在批准办理支票业务的银行机构开立了可以使用支票的存款账户的单位和个人；委托付款人是出票人的开户银行或其他委托办理支票业务的金融机构；收款人是从银行或金融机构提取支票金额的单位和个人，可以是出票人本身。

支票的种类划分比较多，这里只介绍几种常见的支票类型，分别是现金支票、转账支票、普通支票和划线支票，具体如图2-8所示。

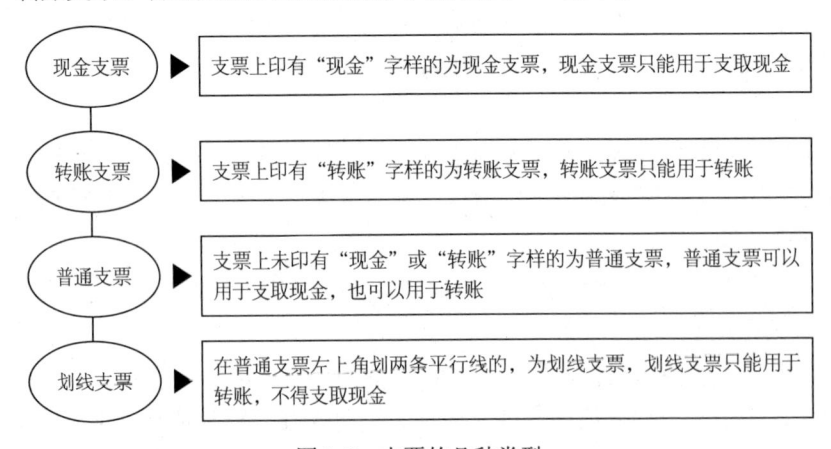

现金支票	支票上印有"现金"字样的为现金支票，现金支票只能用于支取现金
转账支票	支票上印有"转账"字样的为转账支票，转账支票只能用于转账
普通支票	支票上未印有"现金"或"转账"字样的为普通支票，普通支票可以用于支取现金，也可以用于转账
划线支票	在普通支票左上角划两条平行线的，为划线支票，划线支票只能用于转账，不得支取现金

图2-8　支票的几种类型

下面来看看常见的支票样式，如图 2-9 所示。

图 2-9　常见支票样式

不同种类的支票，在票据名称位置显示的名称都不一样，比如现金支票会在票据名称栏上清晰注明"现金支票"字样，这也是《票据法》中明确规定的。但划线支票除外，划线支票的票据名称依旧是支票，只是在支票左上角划出两条斜线，以示区分。

出票人在签发支票时，必须记载下列事项：①表明"支票"的字样；②无条件支付的委托；③确定的金额；④付款人名称；⑤出票日期；⑥出票人签章。欠缺记载上列事项之一的，支票无效。

支票的出票人预留银行签章是银行审核支票付款的依据，同时，银行也可以与出票人约定使用支付密码，作为银行审核支付支票金额的条件。相应的，出票人不得签发与其预留银行签章不符的支票；使用支付密码的，出票人不得签发支付密码错误的支票。

持票人收到支票后，可以委托开户银行收款或直接向付款人提示付款。支票的提示付款期限自出票日起 10 天，但中国人民银行另有规定的除外。超过提示付款期限提示付款的，持票人开户银行不予受理，付款人也不予付款。

拓展贴士　禁用空头支票，否则将面临处罚

出票人签发的支票金额超过其付款时在付款人处实有的存款金额的，就被称为空头支票。我国《票据法》规定，支票的出票人所签发的支票金额不得超过其付款时在付款人处实有的存款金额，禁止签发空头支票。

若出票人签发空头支票或者签发与其预留的签章不符的支票，不以骗取财物为目的的，由中国人民银行处以票面金额 5% 但不低于 1 000.00 元的罚款；持票人有权要求出票人赔偿支票金额 2% 的赔偿金。对屡次签发的，银行应停止其签发支票行为。

2.1.4 汇兑方式支持线上汇款

汇兑是汇款人委托银行将其款项支付给收款人的结算方式。它属于汇款人向异地主动付款的一种结算方式，对于异地上下级单位之间的资金调剂、清理旧欠，以及往来款项的结算等都十分方便，因此也是销售人员需要重点了解的结算方式。

从汇兑的定义上看，它与前面介绍的银行汇票十分类似，都存在三个当事人，并且都是由支付人委托银行向收款人付款，但二者依旧存在区别，销售人员不要混淆了。

汇兑分为信汇、电汇两种，具体方式由汇款人自行选择使用，具体如图 2-10 所示。

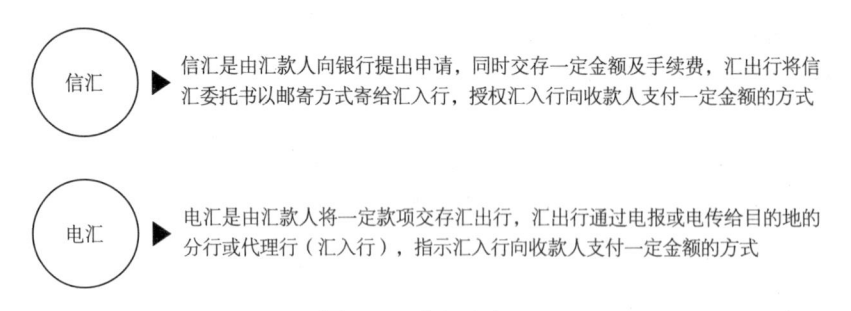

信汇 ▶ 信汇是由汇款人向银行提出申请，同时交存一定金额及手续费，汇出行将信汇委托书以邮寄方式寄给汇入行，授权汇入行向收款人支付一定金额的方式

电汇 ▶ 电汇是由汇款人将一定款项交存汇出行，汇出行通过电报或电传给目的地的分行或代理行（汇入行），指示汇入行向收款人支付一定金额的方式

图 2-10　信汇和电汇

其中，信汇的费用低，但耗时长；电汇耗时短，但费用就比较高，销售人员可根据自身或企业需要选择。下面来学习签发汇兑凭证的要求和注意事项。

签发汇兑凭证必须记载下列事项，汇兑凭证上欠缺下列记载事项之一的，银行不予受理：

①表明"信汇"或"电汇"的字样；②无条件支付的委托；③确定的金额；④收款人名称；⑤汇款人名称；⑥汇入地点、汇入行名称；⑦汇出地点、汇出行名称；⑧委托日期；⑨汇款人签章。

同时注意，汇兑凭证记载的汇款人名称、收款人名称，其在银行开立存款账户的，必须记载其账号。欠缺记载的，银行不予受理。

汇兑凭证上记载收款人为个人的，收款人需要到汇入银行领取汇款，汇款人应在汇兑凭证上注明"留行待取"字样；留行待取的汇款需要指定单位的收款人领取的，应注明收款人的单位名称；信汇凭收款人签章支取的，应在信汇凭证上预留其签章。

汇入银行收到汇出银行的电报或电传并审核无误后,应将款项直接转入开立存款账户的收款人账户,并向其发出收账通知。收账通知是银行将款项确已收入收款人账户的凭据。

若收款人未在汇入银行开立存款账户,可凭信、电汇的取款通知或"留行待取"的凭证,向汇入银行支取款项,前提是必须交验本人的身份证件,并在信、电汇凭证上注明证件名称、号码及发证机关,最后在"收款人签盖章"处签章。信汇凭签章支取的,收款人的签章必须与预留信汇凭证上的签章相符。银行审查无误后,以收款人的姓名开立应解汇款及临时存款账户,该账户只付不收,付完清户,不计付利息。

若收款人有其他特殊情况,需要委托他人向汇入银行支取款项的,应在取款通知上签章,并注明本人身份证件名称、号码、发证机关和"代理"字样,以及代理人姓名。代理人代理取款时,也应在取款通知上签章,注明其身份证件名称、号码及发证机关,并同时交验代理人和被代理人的身份证件。

拓展贴士 汇款人希望终止汇款该如何处理

在某些特殊情况下,比如双方交易出现问题导致货款有误等,汇款人可以向汇出银行申请撤销或是退汇。

汇出银行尚未汇出的款项,汇款人可以申请撤销。申请撤销时,应出具正式函件或本人身份证件及原信、电汇回单。汇出银行查明未汇出款项的,收回原信、电汇回单,方可办理撤销。

汇出银行已经汇出的款项,汇款人可以申请退汇。对在汇入银行开立存款账户的收款人,由汇款人与收款人自行联系退汇;对未在汇入银行开立存款账户的收款人,汇款人应出具正式函件或本人身份证件,以及原信、电汇回单,由汇出银行通知汇入银行,经汇入银行核实汇款确未支付,并将款项汇回汇出银行,方可办理退汇。

2.1.5 委托收款由收款人下委托

委托收款是收款人委托银行向付款人收取款项的结算方式。这种结算方式的适用范围比较广,凡在银行或其他金融机构开立账户的单位和个体经济户的商品交易,公用事业单位向用户收取水电费、煤气费、租金等劳务款项,以及其他应收款项,无论是在同城还是异地,均可使用委托收款结算方式。因此,委托收款也是销售人员常接触到的一类结算方式。

委托收款结算款项的划回方式分邮寄和电报两种，供收款人选用。邮寄划回（委邮）指的是以邮寄的方式，由收款人开户银行向付款人开户银行转送委托收款凭证、提供收款依据的方式；电报划回（委电）指的是以电报的方式，由收款人开户银行向付款人开户银行转送委托收款凭证、提供收款依据的方式。

图 2-11 是常见的委托收款凭证样式。

委托收款凭证（收账通知）					委收号码：	
			委托日期 年 月 日		付款期限：年 月 日 第 号	
付款人	全称		收款人	全称		此联收款人开户银行在款项收妥后给收款人的收账通知
	账号或地址			账号		
	开户银行			开户银行		
委收金额	人民币（大写）				千 百 十 万 千 百 十 元 角 分	
款项金额		委托收款凭据名称		附寄单证张数		
备注：			上列款项 1.已全部或部分回收入你方账号。 2.全部未收到		收款人开户签章 年 月 日	
单位主管 会计 复核 记账			付款人开户银行收到日期 年 月 日		支付日期 年 月 日	

图 2-11 常见的委托收款凭证样式

签发委托收款凭证必须记载下列事项，欠缺记载下列事项之一的，银行不予受理：

①表明"委托收款"的字样；②确定的金额；③付款人名称；④收款人名称；⑤委托收款凭据名称及附寄单证张数；⑥委托日期；⑦收款人签章。

同时还要注意，委托收款以银行以外的单位为付款人的，委托收款凭证必须记载付款人开户银行名称；以银行以外的单位或在银行开立存款账户的个人为收款人的，委托收款凭证必须记载收款人开户银行名称；未在银行开立存款账户的个人为收款人的，委托收款凭证必须记载被委托银行名称。欠缺记载的，银行同样不予受理。

关于委托收款凭证的联次信息，邮寄划回和电报划回所填写的委托收款凭证均为一式五联，具体如图 2-12 所示。

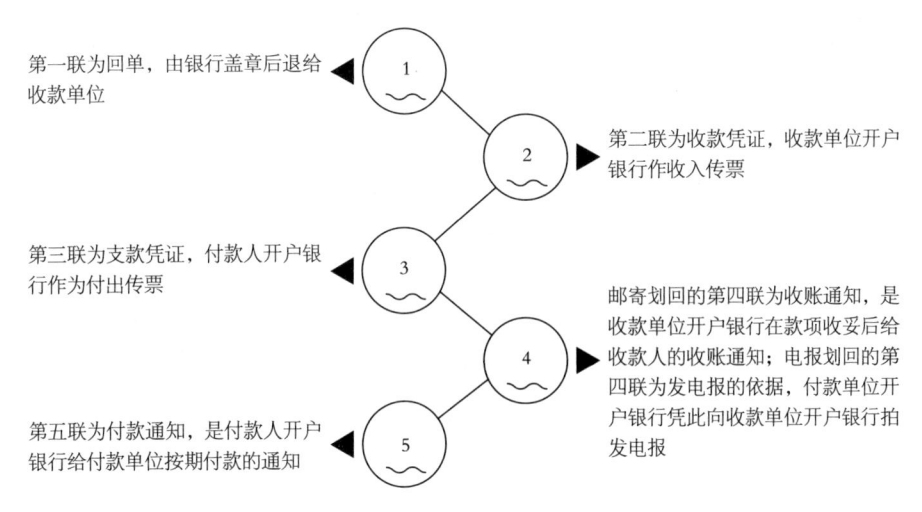

第一联为回单，由银行盖章后退给收款单位

第二联为收款凭证，收款单位开户银行作收入传票

第三联为支款凭证，付款人开户银行作为付出传票

邮寄划回的第四联为收账通知，是收款单位开户银行在款项收妥后给收款人的收账通知；电报划回的第四联为发电报的依据，付款单位开户银行凭此向收款单位开户银行拍发电报

第五联为付款通知，是付款人开户银行给付款单位按期付款的通知

图 2-12 委托收款凭证的联次信息

当付款人接到银行通知后，应于接到通知的当日书面通知银行付款。按照有关办法规定，如付款人未在接到通知日的次日起三日内通知银行付款，视同付款人同意付款，银行应于付款人接到通知日的次日起第四日上午开始营业时，将款项划给收款人。银行在办理划款时，付款人存款账户不足支付的，应通过被委托银行向收款人发出未付款项通知书。

在某些特殊情况下，如果付款人审查有关债务证明后，对收款人委托收取的款项需要拒绝付款的，可以办理拒绝付款。根据付款人的性质不同，拒绝付款的办理方式也不同，具体如下所示。

①付款人为银行：付款人应自收到委托收款及债务证明的次日起三日内出具拒绝证明，连同有关债务证明、凭证寄给被委托银行，转交收款人。

②付款人为单位：付款人应在接到通知日的次日起三日内出具拒绝证明，持有债务证明的，应将其送交开户银行。银行将拒绝证明、债务证明和有关凭证一并寄给被委托银行，转交收款人。

2.1.6 托收承付异地结算

托收承付是根据购销合同由收款人发货后，委托银行向异地付款人收取款项，由付款人向银行承认付款的结算方式。

由于托收承付是异地结算，因此也被称为异地托收承付，其结算款项的划回方法分邮寄和电报两种，由收款人选用。托收承付结算的每笔金额起点为10 000.00 元。新华书店系统每笔的金额起点为 1 000.00 元。

在使用托收承付结算方式时，有诸多限制和要求需要销售人员注意，具体如图 2-13 所示。

1	使用托收承付结算方式的收款单位和付款单位，必须是国有企业、供销合作社及经营管理较好，并经开户银行审查同意的城乡集体所有制工业企业
2	办理托收承付结算的款项，必须是商品交易，以及因商品交易而产生的劳务供应的款项。代销、寄销、赊销商品的款项，不得办理托收承付结算
3	收付双方使用托收承付结算必须签有符合相关法律法规的购销合同，并在合同上注明使用托收承付结算方式
4	收付双方办理托收承付结算，必须重合同、守信用。收款人对同一付款人发货托收累计三次收不回货款的，收款人开户银行应暂停收款人向该付款人办理托收；付款人累计三次提出无理由拒付的，付款人开户银行应暂停其向外办理托收
5	收款人办理托收，必须具有商品确已发运的证件，如铁路、航运、公路等运输部门签发运单、运单副本和邮局包裹回执

图 2-13　使用托收承付的注意事项

由于存在发货和验收后再付款的环节，托收承付结算方式比其他结算方式来说稍显复杂，涉及的步骤和注意事项也更多。下面就将托收承付结算分为托收和承付两部分进行介绍。

（1）托收

收款人按照签订的购销合同发货后，需要委托银行办理托收。

收款人应将附发运证件或其他符合托收承付结算的有关证明和交易单证的托收凭证送交银行。收款人如需取回发运证件，银行应在托收凭证上加盖"已验发运证件"戳记。

收款人开户银行接到托收凭证及其附件后，应当按照托收的范围、条件和托收凭证记载的要求认真进行审查，必要时还应查验收付款人签订的购销合同。凡不符合要求或违反购销合同发货的，不能办理。审查时间最长不得超过次日。

（2）承付

付款人开户银行收到托收凭证及其附件后，应当及时通知付款人。通知的方法可以根据具体情况与付款人签订协议，采取付款人来行自取、派人送达、对距离较远的付款人邮寄等方式。付款人应在承付期内审查核对，安排资金。

承付货款分为验单付款和验货付款两种，由收付双方商量选用，并在合同中明确规定。

①验单付款。验单付款的承付期为三天，从付款人开户银行发出承付通知的次日算起（承付期内遇法定休假日顺延）。

②验货付款。验货付款的承付期为十天，从运输部门向付款人发出提货通知的次日算起。

采用验货付款的，收款人必须在托收凭证上加盖明显的"验货付款"字样戳记。托收凭证未注明验货付款，经付款人提出合同证明是验货付款的，银行可按验货付款处理。

在使用验货付款方式时，付款人需要注意，在收到提货通知后，应立即向银行交验提货通知。若有意外情况出现导致付款人没有或无法及时交验的，规定如图2-14所示。

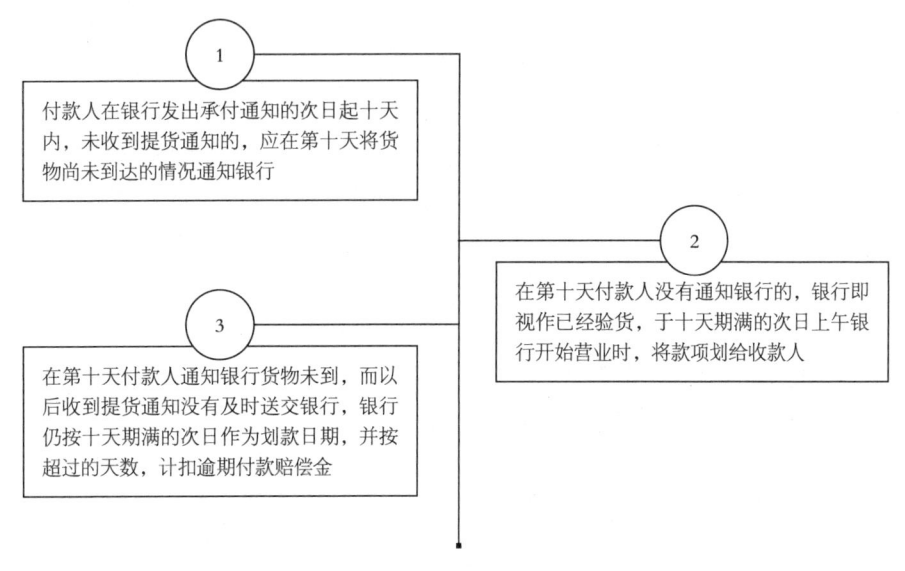

1. 付款人在银行发出承付通知的次日起十天内，未收到提货通知的，应在第十天将货物尚未到达的情况通知银行

2. 在第十天付款人没有通知银行的，银行即视作已经验货，于十天期满的次日上午银行开始营业时，将款项划给收款人

3. 在第十天付款人通知银行货物未到，而以后收到提货通知没有及时送交银行，银行仍按十天期满的次日作为划款日期，并按超过的天数，计扣逾期付款赔偿金

图2-14 未能及时交验情形的处理

注意，不论是验单付款还是验货付款，付款人都可以在承付期内提前向银

行表示承付,并通知银行提前付款,银行应立即办理划款;因商品的价格、数量或金额变动,付款人应多承付款项的,须在承付期内向银行提出书面通知,银行据以随同当次托收款项划给收款人。但是,付款人不得在承付货款中抵扣其他款项或以前托收的货款。

2.1.7 信用证的使用方式

信用证是银行(即开证行)依照进口商(即开证申请人)的要求和指示对出口商(即受益人)发出的,授权进口商签发以银行或进口商为付款人,保证在将来见到符合信用证条款规定的汇票和单据时,必定承兑和付款的保证文件。

由此可以看出,信用证多用于国际贸易,是许多外贸企业会涉及的结算方式,相关销售人员有必要进行了解。

信用证基本当事人有三个,简单介绍如下所示。

①开证申请人:开证申请人是向银行申请开立信用证的人,一般是指进口商,是买卖合同的买方。

②开证行:开证行是应申请人(进口商)的要求向受益人(出口商)开立信用证的银行,一般是申请人的开户银行。

③受益人:受益人是开证行在信用证中授权使用和执行信用证并享受信用证所赋予的权益的人,一般为出口商。

信用证并无统一的格式,不过其中有几方面的内容是凭证上都需要记载的,如下所示:

①对信用证自身的说明,如信用证的种类、性质、编号、金额、开证日期、有效期,以及到期地点、当事人的名称和地址、使用本信用证的权利可否转让等。

②汇票的出票人、付款人、期限及出票条款等。

③货物的名称、品质、规格、数量、包装、运输标志和单价等。

④对运输的要求,如装运期限、装运港、目的港、运输方式、运费是否预付、可否分批装运和中途转运等。

⑤对单据的要求,如单据的种类、名称、内容和份数等。

⑥根据进口国政治经济贸易情况的变化或每一笔具体业务的需要而约定的特殊条款,可根据实际情况做出不同的规定。

⑦开证行对受益人和汇票持有人保证付款的责任文句。

下面来介绍一下信用证的分类,见表 2-1。

表 2-1 信用证的分类

分类依据	类 别	具体含义
信用证项下的汇票是否附有货运单据	跟单信用证	跟单信用证指凭跟单汇票或仅凭单据付款的信用证。此处的单据指代表货物所有权的单据（如海运提单等），或证明货物已交运的单据（如铁路运单、航空运单、邮包收据）。在国际贸易的货款结算中，绝大部分使用跟单信用证
	光票信用证	光票信用证指凭不随附货运单据的光票付款的信用证。银行凭光票信用证付款，也可要求受益人附交一些非货运单据，如发票、垫款清单等
有无另一银行加以保证兑付	保兑信用证	保兑信用证指开证行开出的信用证，由另一银行保证对符合信用证条款规定的单据履行付款义务。对信用证加以保兑的银行，被称为保兑行
	不保兑信用证	不保兑信用证指开证行开出的信用证没有经另一家银行保兑
付款时间不同	即期信用证	开证行或付款行收到符合信用证条款的跟单汇票或装运单据后，立即履行付款义务
	远期信用证	开证行或付款行收到符合信用证条款的单据时，在规定期限内履行付款义务
	假远期信用证	规定受益人开立远期汇票，由付款行负责贴现，并规定一切利息和费用由开证人承担
受益人对信用证的权利可否转让	可转让信用证	信用证的受益人（第一受益人）可以要求承兑或议付的银行（统称转让行）授权付款、承担延期付款责任；或当信用证是自由议付时，可以要求信用证中特别授权的转让银行将信用证全部或部分转让给一个或数个受益人（第二受益人）使用。开证行在信用证中要明确注明"可转让"，且只能转让一次
	不可转让信用证	受益人不能将信用证的权利转让给他人。凡信用证中未注明"可转让"，即是不可转让信用证

了解信用证的分类后，接下来就来熟悉其运作流程，如图 2-15 所示。

国际贸易买卖双方在贸易合同中约定采用信用证付款
↓
买方向所在地银行申请开证。开证要交纳一定数额的信用证定金，或请第三方有资格的公司担保
↓
开证银行按申请书中的内容开出以卖方为受益人的信用证，再通过卖方所在地的往来银行将信用证转交给卖方；卖方接到信用证后，经过核对信用证与合同条款符合，确认信用证合格后发货
↓
卖方在发货后，取得货物装船的有关单据，可以按照信用证规定，向所在地银行办理议付货款
↓
议付银行核验信用证和有关单据合格后，按照汇票金额扣除利息和手续费，将货款垫付给卖方
↓
议付银行将汇票和货运单寄给开证银行收账，开证银行收到汇票和有关单据后，通知买方付款
↓
买方接到开证银行的通知后，向开证银行付款赎单。赎单是指向开证银行交付除预交开证定金后的信用证余额货款

图 2-15 信用证运作流程

2.2 应收账款的产生与催缴

应收账款是指企业在正常经营过程中因销售商品、产品、提供劳务等业务，应向购买单位收取的款项，包括应由购买单位或接受劳务单位负担的税金、代购买方垫付的包装费及各种运杂费等。

对于销售人员来说，应收账款应该是经常接触到的一种款项，用通俗一点的话来说，应收账款就是客户拿到货后还没支付的货款，也就是赊欠款。了解赊欠款的产生和管理以及后续的催缴过程，是一名销售人员走向合格的必要步骤，毕竟这关系到自身业绩和企业资金的流动。

2.2.1 为什么会产生应收账款

应收账款的产生，在很大程度上是因为赊销业务的存在。那么，什么是赊销业务呢？

赊销是指以信用为基础的销售，卖方与买方签订购货协议后，卖方让买方取走货物，而买方按照协议约定在规定日期内付款或以分期付款的形式付清货款的过程。

赊销的方式自古以来就一直存在，放到当前市场环境中就更为普遍了。赊销主要分为两种，具体如图 2-16 所示。

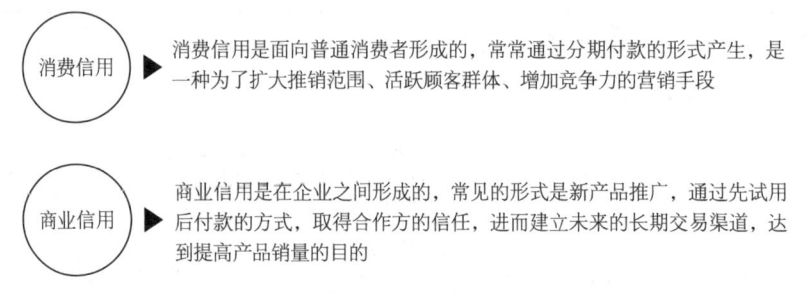

消费信用 ▶ 消费信用是面向普通消费者形成的，常常通过分期付款的形式产生，是一种为了扩大推销范围、活跃顾客群体、增加竞争力的营销手段

商业信用 ▶ 商业信用是在企业之间形成的，常见的形式是新产品推广，通过先试用后付款的方式，取得合作方的信任，进而建立未来的长期交易渠道，达到提高产品销量的目的

图 2-16 赊销的两种方式

对于买方来说，赊销的方式当然是有利无害，其一能够缓解自身可能存在的资金周转的压力；其二可以留出发现产品质量问题的时间，在付款问题上占据主动地位；其三可以将赊销获得的产品转卖，或是利用赊销获得的设备进行自有产品的生产，将赚取的收益返还给卖方，达到资金顺利流转的目的。

但对于卖方来说，尤其是资金回笼滞塞，长期处于困境中的企业，通过赊销产生的应收账款会给企业带来更大的压力。如果企业自身的信用机制不健全，对方企业法律意识淡薄，那么很有可能产生坏账，也就是应收账款收不回来的情况，不仅企业会白白损失一大笔资金，销售人员也很有可能因此损失业绩，甚至被企业问责。因此，应收账款的管理就成为重中之重。

> **拓展贴士** 产生应收账款的另一种情况
>
> 除了赊销的方式外，还有一种情况会产生应收账款，那就是销售和收款之间的时间差。
>
> 在学习了前面介绍的几种常见的支付结算手段后，这种情况就很好理解了。毕竟并非所有交易都采用现金结算，在很多异地交易甚至国际贸易中，货物的流转需要时间，货物在验收后，资金的结算也需要时间。尽管大多数情况下买方会支付一定金额的定金，但定金与货物实际价值之间的未收回的差额，依旧形成了应收账款（有时候是应收票据）。
>
> 这样的情况并不少见，也很难避免，因此也成为应收账款的另一大形成原因。只是相对于赊销来说，这种方式给企业带来的压力减小了许多，形成坏账的可能性也降低了一些。

2.2.2 应收账款要做到有效管理

应收账款的管理涉及企业运营的方方面面，从制度的完善到对客户还账能力的评估，从对应收账款的追踪到减值准备的计提，是一个整体的、复杂的过程。

下面就通过对各项管理措施的列举和分析，帮助销售人员了解应收账款要如何做到科学管理。

（1）控制应收账款发生，降低企业资金风险

企业在对外销售产品的过程中，应当尽量控制应收账款的产生，也就是说，要降低赊销的频率和额度。

尽管这样的方式可能会影响企业的营收数据，但仍是一种可供采用的方法。有时候宁愿采用给予折扣或者降价销售的方式，也不要过多地使用赊销，毕竟拿少一点的钱总比一分钱也拿不到要好。当然，这只是一种可能，但这种风险不可忽视。

一般情况下，除了减少赊销业务以外，企业还可以对已经形成过赊销往来

的客户进行约束。比如只有当客户还清上次欠款后，才可以进行下一次赊欠；若客户多次逾期未付款，取消赊欠资格等，企业和销售人员可根据实际情况决定。

（2）对赊销对象进行资格评估

对赊销对象进行资格评估，本质也是一种信用调查。它主要涉及两方面，一是对赊销对象的还款能力进行评估；二是对赊销对象的信用口碑进行调查。

赊销对象的还款能力主要体现在其经营能力和经营规模等营收数据上，只有经营能力够强、经营规模够大的企业，才能保证赊欠款的定期偿还，避免坏账的产生。

企业或者销售人员可以通过查看对方各会计期间的财务报表来分析其偿债能力、盈利能力和发展能力等，主要观察的财务指标有流动比率、速动比率、现金比率、资产负债率、应收账款周转率、存货周转率、资产报酬率、销售增长率和利润增长率等。

至于赊销对象的信用口碑，虽然在财务报表上难以体现出来，但销售方可以通过其他渠道来了解。一是根据银行提供的对方信用资料，了解对方企业的信誉情况；二是调查对方企业生产的产品在消费者中的信誉；三是访问与对方企业有商业往来的上下游企业，比如对方企业的原材料供货商、产品经销商等，了解赊销对象在这些企业之间的信誉如何；四是调查其在同行业企业中的竞争地位和信誉口碑。

（3）控制赊销额度，减轻回款压力

控制赊销额度是企业降低坏账风险的重要手段。通过前期对赊销对象的评估，企业可根据其信用等级进行分类，针对不同信用等级的客户，企业可给出不同额度的赊欠限制。

同时，销售人员还应将每个客户的赊欠款逐一记录，待其达到等级限制后，就不应再允许赊欠，或者以后的赊欠额度将压得更低，以此来控制整体赊销额度。

（4）建立健全公司内部监控制度

完善的内部控制制度是减少坏账的基本前提，在完善的内部监控制度下，企业的资金周转效率才能得到有效提升。制度的建设无疑是复杂的，企业可以从以下几个方面入手，如图 2-17 所示。

销售合同责任制

企业在销售合同的签订上下功夫，在制定合同的过程中明确双方的责任，严格规定还款期限、金额以及逾期处理方式等

内部赊销额度审核机制

设置内部赊销额度审核机制，不同职位等级的员工权限不同，在赊销时能够允许赊欠的金额也不同，避免普通销售人员向外赊出巨额欠款，或者高层人员无法给予客户更大额度的赊销，导致合作不愉快等情况

货款回笼责任制

建立货款回笼责任制，在应收账款产生后，由相关销售人员及其部门进行后续的跟踪与催缴。若款项出现拖欠，该如何追究责任，企业应当提前明确，以便达到加强相关人员工作积极性、提高资金回款效率的目的

图 2-17　如何完善内部监控制度

（5）计提减值准备

我国《企业会计制度》规定，企业应当对资产计提八项减值准备，其中就有一项是针对应收账款和其他应收款等应收款项计提的坏账准备。

根据《企业会计制度》第五十三条规定："企业应当在期末分析各项应收款项的可收回性，并预计可能产生的坏账损失。对预计可能发生的坏账损失，计提坏账准备。企业计提坏账准备的方法由企业自行确定……坏账准备计提方法一经确定，不得随意变更。如需变更，应当在会计报表附注中予以说明。在确定坏账准备的计提比例时，企业应当根据以往的经验、债务单位的实际财务状况和现金流量等相关信息予以合理估计……"

基于这一规定，企业就需要定期计提坏账准备，至于计提的方式和标准，不同规模的企业可根据实际情况进行调整，但一般都是以应收账款（或是应收票据等应收项目）的金额为基准，按照一定比例计提。这样，在企业发生坏账时，已经计提的坏账准备就能够冲抵一部分损失。

（6）定期对账，持续跟踪

在赊销业务发生后，销售方不能甩手不管，被动等待对方在还款日期之前结清货款。如果采用这样的消极方式，一旦对方恶意拖欠或是资金周转不灵导

致货款逾期，销售方将完全没有信息来源和分析依据，自然也无法提前应对，这种情况下，坏账的可能性会更大。

因此，在赊销商品后，企业就需要定期与对方企业进行账目的核对。这不仅是对各项目之间误差的矫正，对其是否存在恶意拖欠或资金运转受限情况的判断，也是对赊销对象的无形催促。同时，销售方还要加强对赊销对象偿债能力的关注度，如有必要，可要求对方企业提供一定的还款担保，保证企业资金的安全。

（7）加强应收账款催收力度

应收账款的催收一般发生在货款逾期之后。无论对方是因为客观原因还是主观原因，一旦拖欠货款，就会给销售方造成损失，那么相关人员就需要履行自己的职责，对赊销对象进行催账处理。

2.2.3 销售者要如何合理催款

应收账款逾期后，催款是必须的，许多销售人员也会被安排去向客户催缴。催缴过账款的销售人员应该知道，这项工作并不是单纯向客户说明情况就能追回款项这么简单。

要知道，既然货款已经逾期，那么客户必然是出于一定的原因才会拖欠。除了一部分确系意外情况或是资金暂时难以流转顺畅以外，其他情况都是很难轻易解决的，尤其是当对方还抱有拖着卖方就不会再继续追责的侥幸心理的情况。

因此，催款也需要技巧和方法，同时还应遵循一定的原则。这样的规定往往在企业的应收账款催收制度中有所体现，下面就来通过某公司的应收账款催收制度进行深入了解。

实例分析 某公司应收账款催收制度

一、目的

为了加快资金的周转，最大限度地缩短应收账款挂账的时间，提高应收账款的变现能力，根据公司的情况，特制定本规则。

二、程序

1. 审核

对所有转入应收账款范围的款项，必须审核其是否属于挂账范围，如不在挂账范围之内的一般不予转入。对应收账款已作不可逆转处理的，需补足手续或协助做好向其他会计科目结转的处理。

2. 确认

（1）每一笔应收账款的账单，都开列"××费用结算单"，并进行审核，其内容包括以下几点。

①酒店、车队、景点、其他协作旅行社等公司的名称。

②协作公司的编号。

③公司名称与电脑记录确定的名称、各项费用消费账单的内容、金额与附件是否一致，与合同签订的条款是否一致。

（2）对需要做调整的账单填写更正凭单作为附件，并在电脑中做出同步调整。

（3）将经调整后正确的应收单位、金额转入应收账款账户。

3. 催收

（1）催收的对象分为以下三类。

①信用等级 A 级——正常催收。

②信用等级 B 级——重点催收。

③信用等级 C 级——专项催收。

（2）催收办法：

①电话催收：这是最快捷便利的方法，费用相对较低，缺点是双方有争议的款项很难通过电话核对账目，且对一些信用差的单位，电话催收的方式很难奏效。

②信函传真催收：发送催款通知单、对账联系传真件，并与电话联系交替使用，如得到付账款承诺，一般要求对方将汇单传真过来。

③专人上门催收：对金额大、时间久的挂账，在经电话、信函多次催收无效的情况下，需协同销售部门一同上门催收。多次催收无效，必要时可以诉诸法律。

从实例中该公司的应收账款催收制度来看，制度中不仅规定了应收账款的及时核算和处理，也给出了针对不同客户的催收方式和具体的实施情景，为接到催收账款工作的销售人员提供了一定的参考。

除了给出催收方式外，有些企业还针对客户逾期时间的长短，规定了一系列的应对措施，如下面实例所示。

实例分析 某公司的催收管理措施

催收实施管理

截至××年×月×日，××公司（客户）已收货，但至今仍未付款，销售人员应打电话进行催讨，并询问对方是否已经收到本公司"到期付款通知单"。

逾期15天未付款，发出第一封催讨函，并打电话给对方负责人询问情况，了解××公司（客户）态度。

逾期30天未付款，发出第二封催讨函。再次与对方通电话，同时停止向对方发货。

逾期90天未付款，发出第三封催讨函，并做好委托××机构进行催讨回款的准备工作。

再逾期，则委托法律机构进行催讨。对于本公司委托法律机构进行催讨一事，应告知对方。

该公司给出的应对措施就比较强硬了，并且要求销售人员按部就班进行。尽管在灵活性上有所欠缺，但这无疑是一种高效、直接的方案，能够省去销售人员大量的时间和精力。

从以上两个实例也可以看出，除了销售人员与客户口头、电话、面对面沟通外，应收账款催款函也扮演了重要的角色。它是债权人向债务人发出的书面催讨文件，尽管并不具备法律效力，但它传递的信息非常明确，即尽快还款。

图2-18是常见的应收账款催款函格式。

```
函件编号：
尊敬的_____
    现就贵司拖欠我司_____款一事向贵司致函如下：____年____月____日，
贵司与我司签订了____合同，双方约定，贵司应于____年____月____
日支付我司____款____元(大写)，余款于____年____月____日之前付清。
贵司也曾于____年____月____日支付了部分款项，但从____年____月
____日后，贵司便未再按约定支付，现累计已欠____元。贵司行为明显已违约。
    鉴于双方此前的合作关系较好，现特致函请贵司于____年____月____日前
将所欠款项支付我司账户（户名：____；开户行：____；账号：____）。如贵
司仍不能按期支付，我司将按有关规定向贵司追索欠款利息，甚至采取相关法律措施，届时，
贵公司可能要承担诉讼带来的更大损失！
    顺颂商祺！
                                                    ××公司
                                                    ××年×月×日
```

图2-18　常见的应收账款催款函格式

销售人员可根据公司要求，或是根据客户实际情况适当修改催款函中的语句。首次催款可温和一些，若客户多次敷衍甚至无视，那么语气可强硬一些，必要时诉诸法律。但这是万不得已才会采用的，因为一旦走司法程序，企业就会彻底失去该客户，并且诉讼程序繁杂，时间周期长，成本也比较高，耗时耗力，因此企业要谨慎选择。

第3章

销售过程中票据的填开与使用

销售人员在销售产品时，必定会涉及各种票据的填开和使用，最常见的莫过于增值税发票，除此之外，还有各种收据、现金收付款凭证等，都与销售业务息息相关。因此，熟悉票据的填开和使用，是销售人员的必修课之一。

3.1 与销售有关的票据种类

与销售有关的票据种类非常多，除了前面章节介绍过的支票、汇票、本票等票据，还有纳税义务发生时开具的增值税发票、车辆销售发票等。在日常业务中，还存在各种材料出库单、入库单、领料单以及收据等杂项单据。

这些都是销售人员时常接触到的票据和单据，如果销售者对其不甚了解，不知道如何合规填写的话，很可能造成一些工作上的障碍。因此，本章内容需要销售人员认真学习。

3.1.1 增值税发票

发票是单位和个人在购销商品、提供或者接受服务以及其他经营活动中，开具、取得的收付款凭证，其中就包含增值税发票。

增值税发票分为增值税专用发票和增值税普通发票，下面就来逐一进行介绍。

(1) 增值税专用发票

增值税专用发票是增值税纳税人销售货物或者提供应税劳务开具的发票，是购买方支付款项并可按照增值税有关规定据以抵扣增值税进项税额的凭证。

增值税专用发票的基本联次为三联：发票联、抵扣联和记账联，除此之外，还有六联的种类，但在实务中不常见。有些时候，增值税专用发票还存在一个存根联，对应的联次就是四联和七联。

其中，三联式的联次信息和作用如下所示。

①发票联：作为购买方核算采购成本和增值税进项税额的记账凭证。

②抵扣联：作为购买方报送主管税务机关，认证和留存备查的凭证。

③记账联：作为销售方核算销售收入和增值税销项税额的记账凭证。

根据国家税务总局规定，增值税专用发票规格为240mm×140mm。图3-1是纸质增值税专用发票的标准样式。

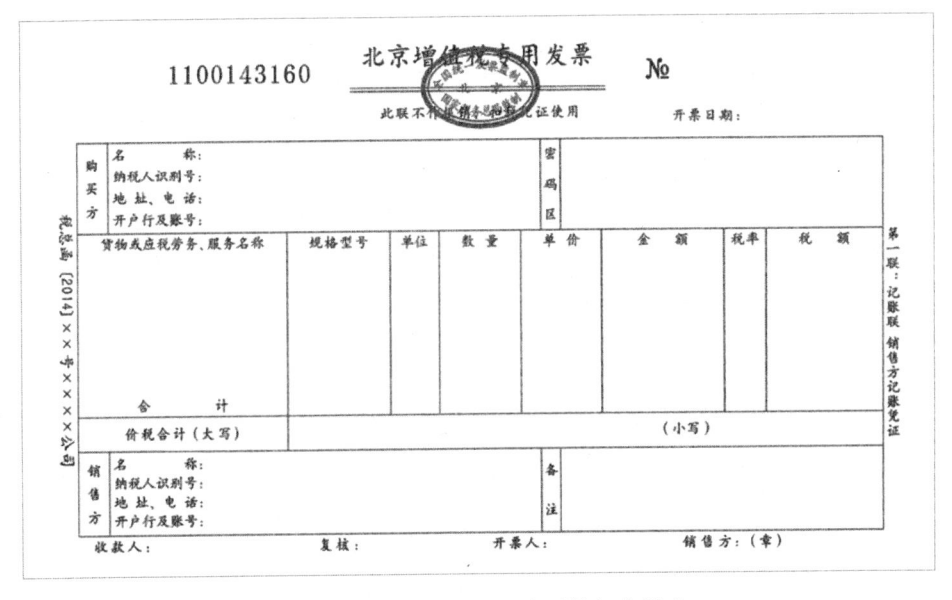

图3-1 纸质增值税专用发票的标准样式

增值税专用发票主要包括以下几方面的内容：

①购货单位名称、纳税人识别号、开户银行及账号。增值税一般纳税人在购买货物或接受应税劳务时，应主动提供单位、纳税人识别号、开户银行及账号，并确保单位名称和纳税人识别号的相应关系准确无误。

②商品或劳务名称、计量单位、数量、单价、金额等。销售单位在开具增值税专用发票时，应正确填写商品或劳务名称、计量单位、数量、单价、金额，不得漏填或随意填写。同时，供应两种不同税率的应税项目，且合并开具发票的，其商品或劳务的名称、计量单位、数量、单价及金额必须按不同税率分别

填写。对供应的货物既有应税货物,又有免税货物的,供应的免税货物应单独开具普通发票,不得和应税货物合并开具增值税专用发票。

③销货方单位名称、纳税人识别号、开户银行及账号。增值税一般纳税人在销售货物或提供应税劳务开具增值税专用发票时,应主动填写单位名称、纳税人识别号、开户银行及账号,并确保单位名称和纳税人识别号的相应关系准确无误。

④字轨号码。销货单位开具增值税专用发票时,应按发票上的字轨号码顺序和日期顺序从前往后使用,不得跳号使用,不得拆本使用。

⑤开票信息。开票日期,开票单位的财务专用章或发票专用章。

(2) 增值税普通发票

增值税普通发票是增值税纳税人销售货物或者提供应税劳务、服务时,通过增值税税控系统开具的普通发票。除此之外,增值税普通发票根据适用场景不同,还有卷式发票及通行费发票等样式。

增值税普通发票分为二联票(常用)和五联票,相较于专用发票少了一个抵扣联,其他联次与专用发票基本一致,规格依旧为240mm×140mm,图3-2是纸质增值税普通发票的标准样式。

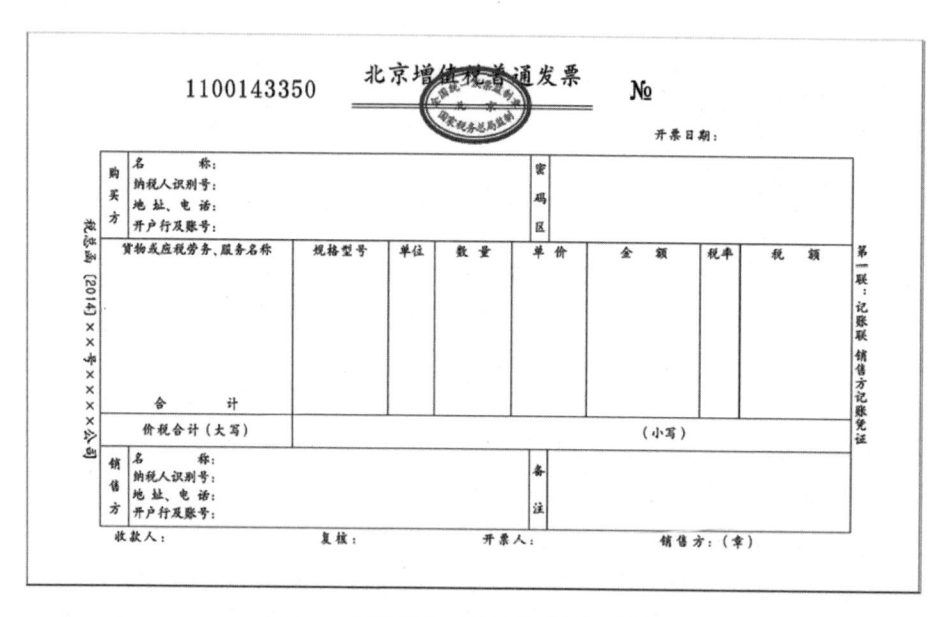

图3-2 纸质增值税普通发票的标准样式

增值税普通发票（卷票）为定长发票，发票宽度有 76mm、57mm 两种，长度固定为 177.8mm。这种发票常在生活性服务业纳税人中使用，其基本联次为一联，即"发票联"。

卷式发票印制的基本内容包括发票名称、发票监制章、发票联、发票代码、发票号码、黑标定位符和二维码等。其中，二维码包含发票代码和发票号码信息，用于发票查验时的快速扫描录入，图 3-3 是增值税普通发票（卷票）的标准样式。

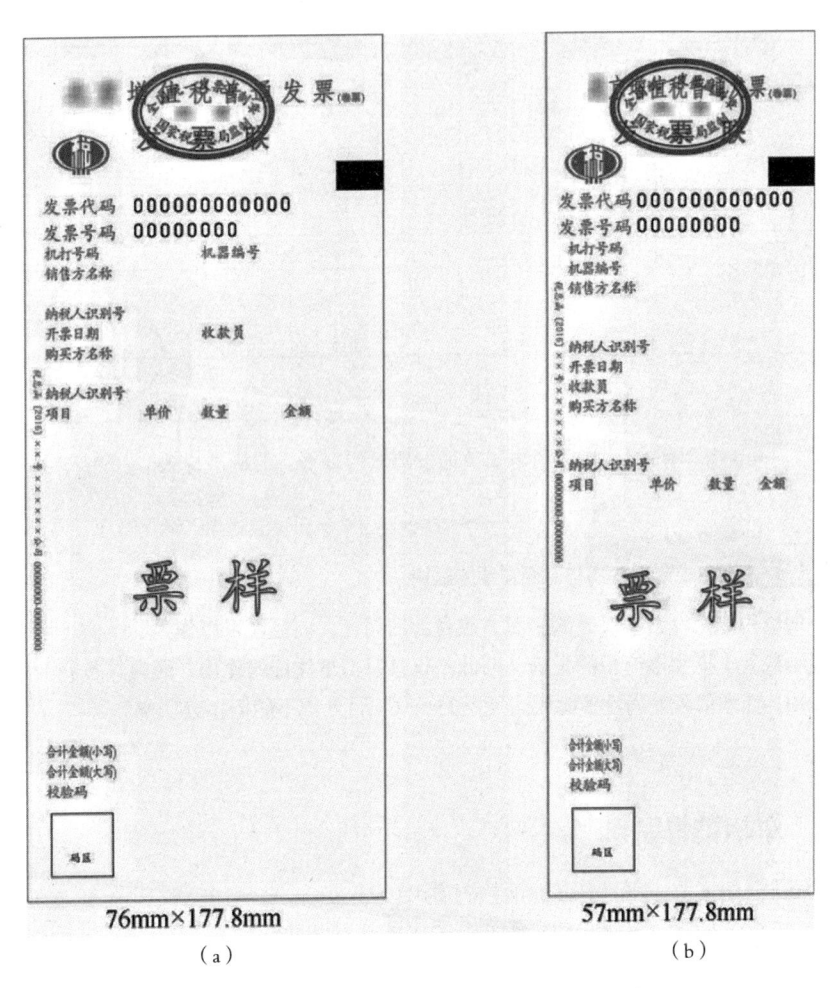

（a）76mm×177.8mm　　（b）57mm×177.8mm

图 3-3　增值税普通发票（卷票）的标准样式

增值税电子普通发票（通行费）是专门用于公路收费的发票，最常见的就是高速公路对过路费的收取。

目前来说，通行费发票只有电子版，纸质版早已不再使用。图 3-4 是增值税电子普通发票（通行费）的标准样式。

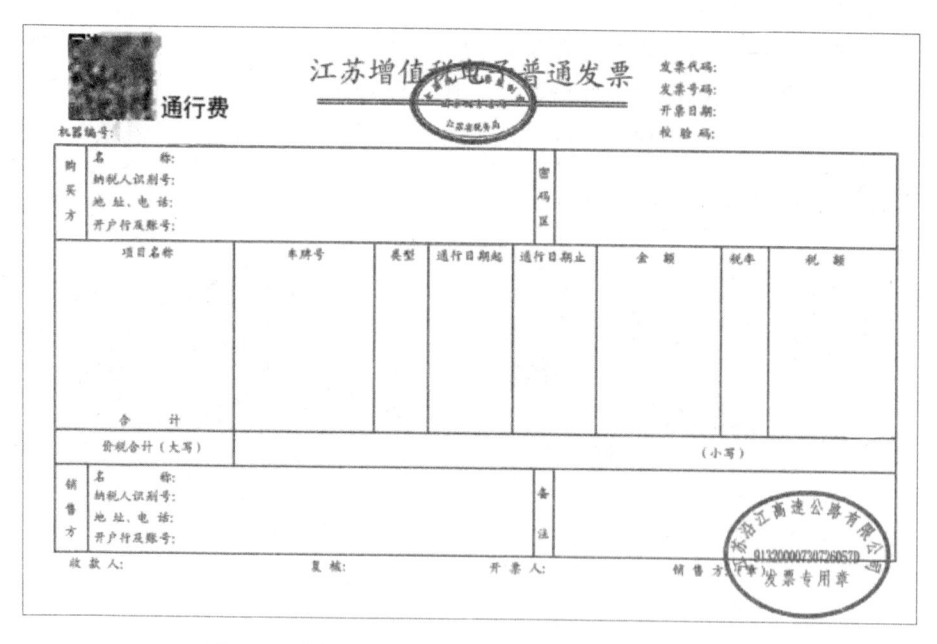

图 3-4　增值税电子普通发票（通行费）的标准样式

拓展贴士　**增值税专用发票与普通发票的区别**

增值税专用发票不仅是购销双方收付款的凭证，而且还可以作为购买方（增值税一般纳税人）抵扣增值税的凭证，因此不仅具有商事凭证的作用，而且具备完税凭证的作用。而增值税普通发票除税法规定的经营项目外都不能抵扣进项税。

3.1.2　车辆销售发票

车辆销售发票是在机动车销售过程中开具的发票，包括机动车销售统一发票和二手车销售统一发票，分别适用于不同的销售场景。

机动车销售统一发票指的是凡从事机动车零售业务的单位和个人，在销售机动车（不包括销售旧机动车）收取款项时开具的发票。

这种发票为电脑六联式发票，第一联为发票联（购货单位付款凭证）；第二联为抵扣联（购货单位扣税凭证）；第三联为报税联（车购税征收单位留存）；第四联为注册登记联（车辆登记单位留存）；第五联为记账联（销货单位记账凭证）；第六联为存根联（销货单位留存）。

机动车销售统一发票的一般规格为 241mm×177mm，图 3-5 是机动车销售统一发票的标准格式。

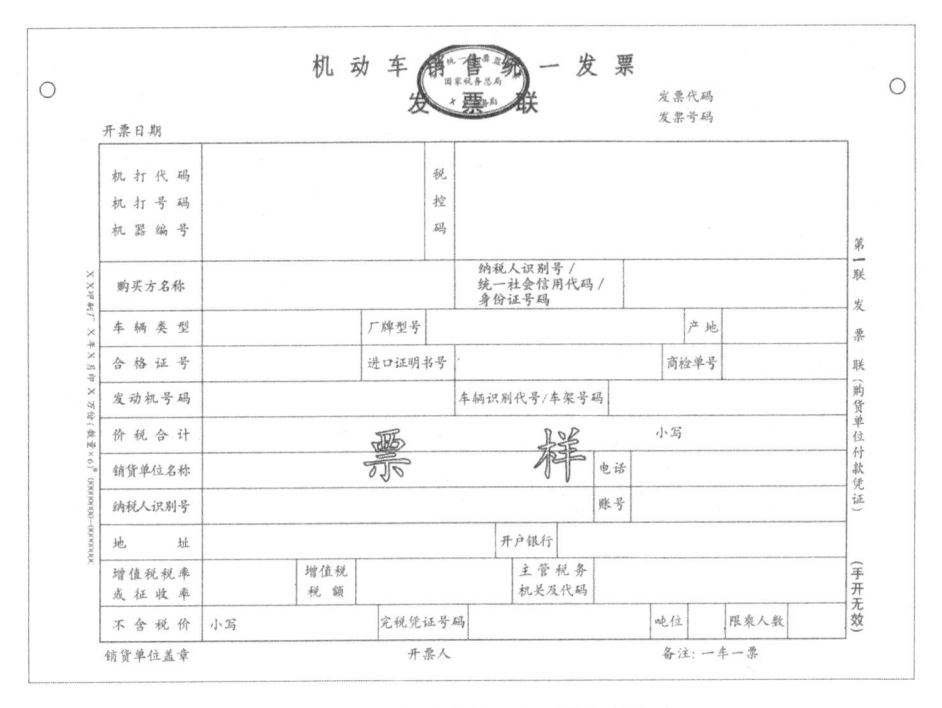

图 3-5　机动车销售统一发票的标准格式

二手车销售统一发票是二手车经销企业、经纪机构和拍卖企业在销售和拍卖二手车收取款项时，通过开票软件开具的发票。

与机动车销售统一发票不同，二手车销售统一发票为一式五联计算机票。第一联为发票联；第二联为转移登记联（公安车辆管理部门留存）；第三联为出入库联；第四联为记账联；第五联为存根联。

二手车销售统一发票的规格为 241mm×178mm，与机动车销售统一发票仅在宽度上有一定区别。

图 3-6 是二手车销售统一发票的标准样式。

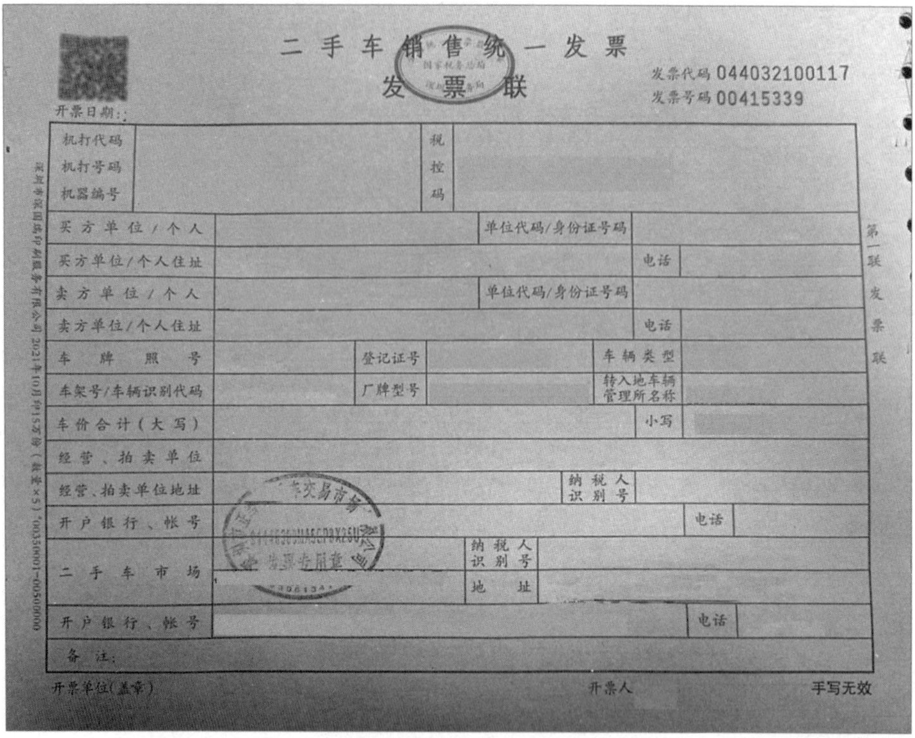

二手车销售统一发票

发票联

发票代码 044032100117

发票号码 00415339

开票日期：

机打代码		税控码			
机打号码					
机器编号					
买方单位/个人		单位代码/身份证号码			
买方单位/个人住址				电话	
卖方单位/个人		单位代码/身份证号码			
卖方单位/个人住址				电话	
车牌照号		登记证号		车辆类型	
车架号/车辆识别代码		厂牌型号		转入地车辆管理所名称	
车价合计（大写）				小写	
经营、拍卖单位					
经营、拍卖单位地址				纳税人识别号	
开户银行、帐号				电话	
二手车市场		纳税人识别号			
		地址			
开户银行、帐号				电话	
备注：					

开票单位(盖章)　　开票人　　手写无效

第一联 发票联

图 3-6　二手车销售统一发票的标准样式

3.1.3　数电票

数电票本质上是一种电子发票，将纸质发票的票面信息全面数字化，通过标签管理将多个票种集成归并为电子发票单一票种，并设立税务数字账户，实现全国统一赋码、智能赋予发票开具金额总额度、自动流转交付。

数电票目前主要包括电子发票（增值税专用发票）、电子发票（普通发票），是全面数字化的、与纸质发票具有同等法律效力的全新发票，不以纸质形式存在、不用介质支撑、不需申请领用。

数电票与其对应的纸质发票在格式上稍有不同。

电子发票（增值税专用发票）也有票头、购买方、应税明细和合计、销售方和票尾五个部分，具体如图 3-7 所示。

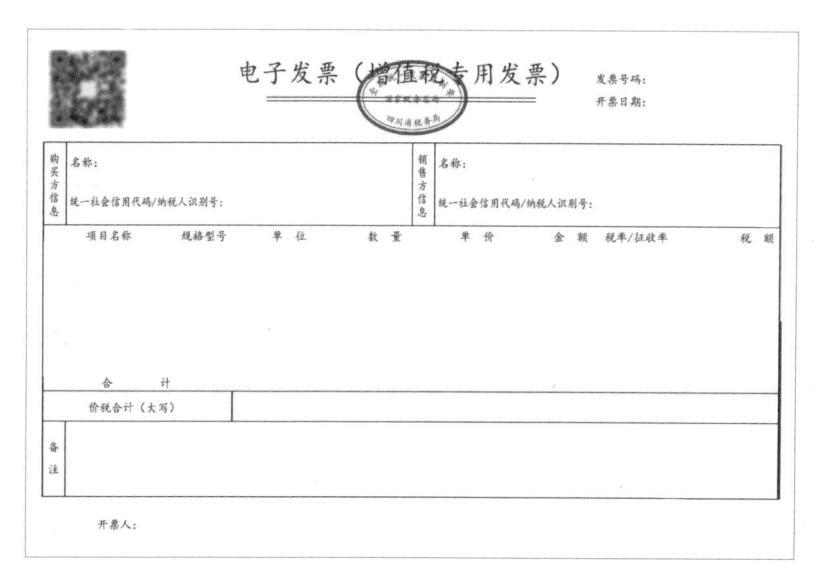

图 3-7　电子发票（增值税专用发票）样式

电子发票（普通发票）与之类似，但在细微之处又有不同，如图 3-8 所示。

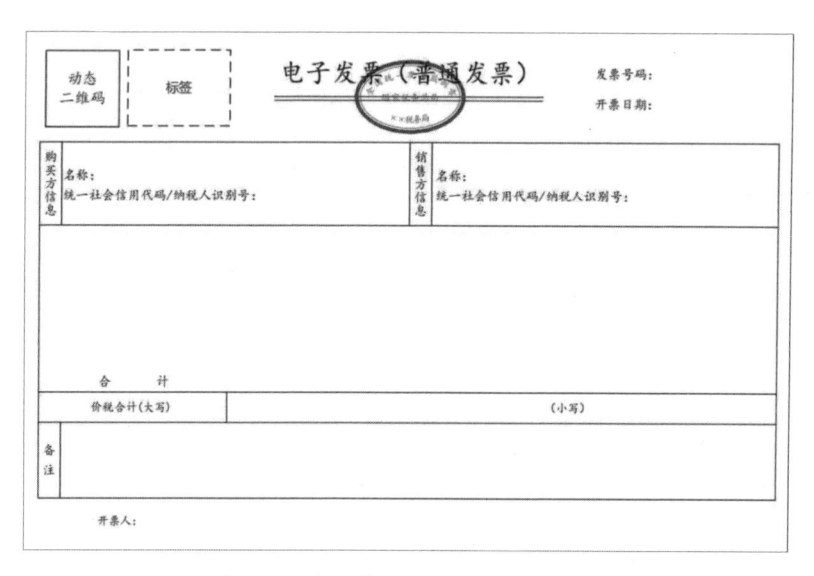

图 3-8　电子发票（普通发票）样式

3.1.4　销售过程中涉及的其他票据

除了以上介绍的几种发票以外，销售人员还会接触到许多其他单据和票据。

有关于资金方面的，也有关于材料出入库或日常用品领用的，下面来逐一介绍。

（1）有关资金方面的票据

有关资金方面的票据有多种，包括收据、收款凭证、付款凭证和转账凭证等。尽管这些票据大部分都是财务部门在处理，但销售人员在开展业务时难免会接触或是收到这些票据，甚至成为审核票据正确性的第一线。因此，认识并熟悉这些票据也成为销售人员的职责。

◆ 收据

收据是企事业单位在经济活动中经常使用的原始凭证，一般没有使用发票的场合都应该使用收据（有时也被称为收条）。

在发生以下业务往来时，可以使用收据，如图3-9所示。

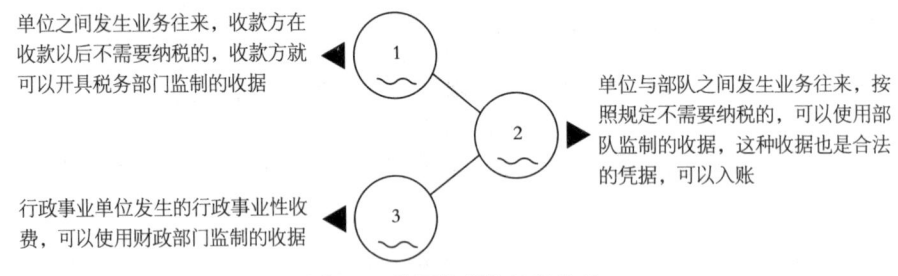

单位之间发生业务往来，收款方在收款以后不需要纳税的，收款方就可以开具税务部门监制的收据

单位与部队之间发生业务往来，按照规定不需要纳税的，可以使用部队监制的收据，这种收据也是合法的凭证，可以入账

行政事业单位发生的行政事业性收费，可以使用财政部门监制的收据

图3-9 使用收据的几种业务

对于企业来说，这些都是外部收据，当企业内部发生业务时，可以使用自制的内部收据。比如材料内部调拨、退还多余出差借款等，这时的内部自制收据是合法的凭证，可以作为成本费用入账。

注意，单位或个人开具的自制收据，比如借款白条等，既不具有法律效力，也不能作为凭证入账。

图3-10是常见的收据样式。

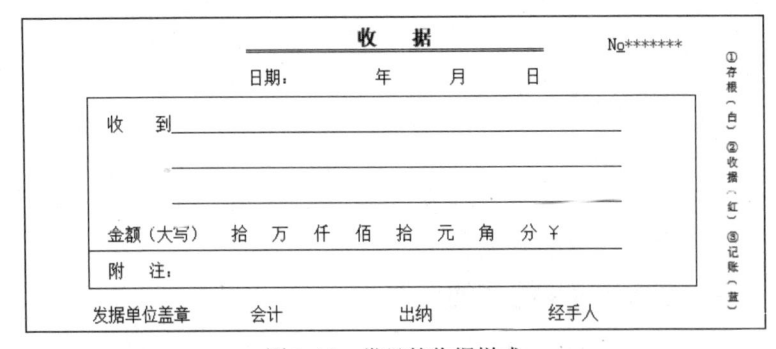

图3-10 常见的收据样式

◆ 收、付款凭证

收款凭证和付款凭证是用于记录库存现金和银行存款收、付款业务的记账凭证，一般由出纳人员在审核相关原始凭证之后进行填制，销售人员不会填写，但要会看。

收款凭证与付款凭证的样式基本一致，只是左上角填写的科目不同。收款凭证应在左上角填写借方科目，付款凭证则是贷方科目，图 3-11 是常见的收款凭证样式。

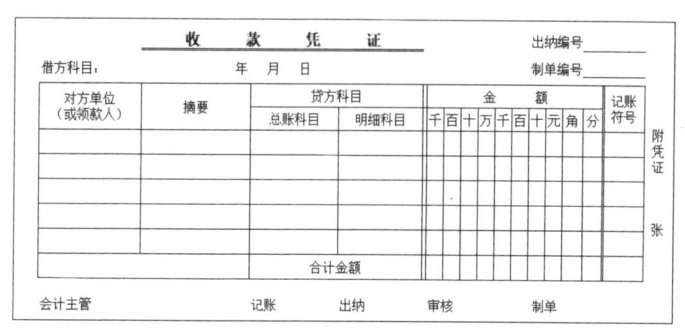

图 3-11 常见的收款凭证样式

注意，无论是收款凭证还是付款凭证，左上角的借贷科目都只涉及库存现金和银行存款，代表这两项资产的增减。

◆ 转账凭证

转账凭证是用来记录除现金、银行存款以外其他经济业务的记账凭证，也是由会计人员根据有关转账业务（与货币资金收付无关的业务）的原始凭证填制的。

由此可以看出，转账凭证在填制时不会涉及库存现金和银行存款这两个科目，它与收、付款凭证共存，形成互补。

图 3-12 是常见的转账凭证样式。

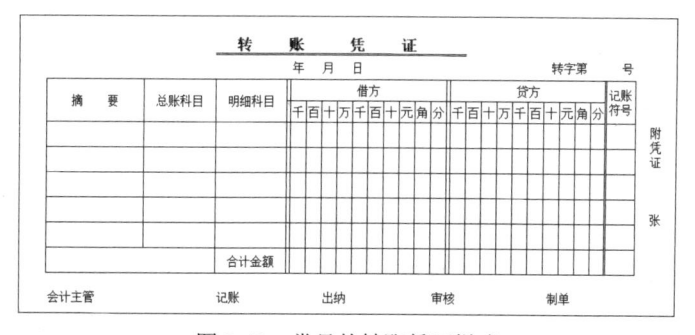

图 3-12 常见的转账凭证样式

（2）关于材料或日常用品的单据

关于材料或日常用品的单据包括材料出／入库单、领料单和限额领料单等，有时候销售人员需要凭借这些单据开展相应的工作，比如凭借对方开具的材料入库单向客户收款等。

◆ 材料出／入库单

材料出库单和入库单是对销售、采购实物出、入库数量的确认，也是对销售人员、采购人员和购买商、供应商的一种监控，是企业内部管理和控制的重要凭证。

材料出库单和入库单一般为一式三联，第一联仓库记账用，第二联交销售人员和采购人员办理收付款业务，并作为财务记账联，第三联则交由对方企业保管并记账。

这两种单据的格式非常类似，区别在于材料入库单左上角填写的是交货单位，右下角需要经手人签名；而材料出库单的左上角填写的是会计部门编号和仓库部门编号，右下角需要生产车间或部门签名。

图 3-13 是常见的材料入库单样式，由于三个联次的格式相同，这里只展示其中一联。

入　库　单

No*******

交货单位：　　　　　　　　　　　年　　月　　日

编号	名称	规格	单位	数量	单价	金额	备注
金额（大写）	拾　万　仟　佰　拾　元　角　分 ¥						

主管：　　　仓库：　　　记账：　　　经手人：

①存根（白）②记账（红）③结算（蓝）

图 3-13　常见的材料入库单样式

◆ 领料单和限额领料单

领料单是由领用材料的部门或者人员（简称领料人）根据所需领用材料的数量填写的单据，一般采用一次凭证进行登记。限额领料单也是一样的用途，只是领用的材料在一定时期（一般为一个月）内有限额，采用的登记凭证则是多次使用的累计领料凭证。

领料单和限额领料单不仅可以用于生产材料的领用，也可以用于办公用品或是销售部门宣传材料的领用，区别在于领料部门和发料仓库不同，在记账时，领取的材料记入的科目也不同。

图 3-14（a）是常见的领料单，（b）是限额领料单。

领料单

领料部门：						发料仓库：	
用途：			年 月 日			编号：	
编号	名称	规格	单位	请领数量	实发数量	备注	

制单：　　审核：　　领料人：　　发料人：

① 存根（白）② 记账（红）③ 结算（蓝）

（a）

限额领料单

领料部门：						发料仓库：	
用途：			年 月 日			编号：	
编号	名称	规格	单位	计划单价	领用限额	全月实额 数量	全月实额 金额
领用日期	请领数量		实发数量	领料人签章	发料人签章	限额结余数量	

供应部门负责人：　　领料部门负责人：　　仓库负责人：

① 存根（白）② 记账（红）③ 结算（蓝）

（b）

图 3-14　常见的领料单和限额领料单的样式

3.2　申领与填开票据的要求

在了解了实务中常见的票据后，销售人员就要进入到更深一步的学习中了。其中，票据的申领和填开的要求是非常重要的一部分。

要知道，并不是所有的票据都可以由企业自行开具，一些重要的票据必须去指定的行政单位领取。比如发票，必须由具有资格的企业到税务主管部门（对应的地方税务局）领取并使用，禁止私自印制、伪造、变造发票。

同时，各种规章制度对关键票据的填写进行规定，避免因为企业人员填写不规范而出现一系列问题。因此，销售人员还需要了解清楚票据申领和填开的要求。

3.2.1 企业申领发票的条件和流程

根据《中华人民共和国发票管理办法》规定，纸质发票的领用主要分为三种情况，具体如图 3-15 所示。

1. 需要领用发票的单位和个人，应当持设立登记证件或者税务登记证件，以及经办人身份证明，向主管税务机关办理发票领用手续。领用纸质发票的，还应当提供按照国务院税务主管部门规定式样制作的发票专用章的印模。单位和个人领用发票时，应当按照税务机关的规定报告发票使用情况，税务机关应当按照规定进行查验

2. 需要临时使用发票的单位和个人，可以凭购销商品、提供或者接受服务以及从事其他经营活动的书面证明、经办人身份证明，直接向经营地税务机关申请代开发票

3. 临时到本省、自治区、直辖市以外从事经营活动的单位或者个人，应当凭所在地税务机关的证明，向经营地税务机关领用经营地的发票。临时在本省、自治区、直辖市以内跨市、县从事经营活动领用发票的办法，由省、自治区、直辖市税务机关规定

图 3-15　纸质发票领用的四种情况

其中，经办人身份证明是指经办人的居民身份证、护照或者其他能证明经办人身份的证件。发票专用章是指用票单位和个人在其开具发票时加盖的有其名称、税务登记号、发票专用章字样的印章。发票专用章式样由国家税务总局确定。

税务机关在发售发票时，应当按照核准的收费标准收取工本管理费，并向购票单位和个人开具收据。发票工本费征缴办法则按照国家有关规定执行。

下面来了解一下发票领用的流程。在领用发票时，纳税人须在发票票种核定的范围（发票的种类、领用数量、开票限额）内领用，根据领用的种类不同，纳税人需要准备的材料也不同，具体见表 3-1。

表 3-1 纳税人需准备的材料

适用情形	材料名称	备注
领用增值税纸质专用发票、机动车销售统一发票、二手车销售统一发票、增值税纸质普通发票	经办人身份证件原件、金税盘（税控盘）、报税盘、税务 UKey	通过网上领用可不携带相关设备
领用税控收款机发票	经办人身份证件原件、税控收款机用户卡	

纳税人可通过办税服务厅（场所）、电子税务局、自助办税终端办理，可通过当地税务局网站"纳税服务"栏目查询具体的办理地点。具体的办理和审核流程如图 3-16 所示。

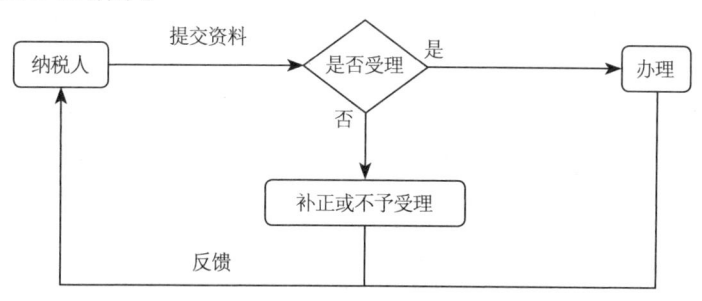

图 3-16 申领发票的办理和审核流程

在申领发票时，纳税人还应注意以下事项，如图 3-17 所示。

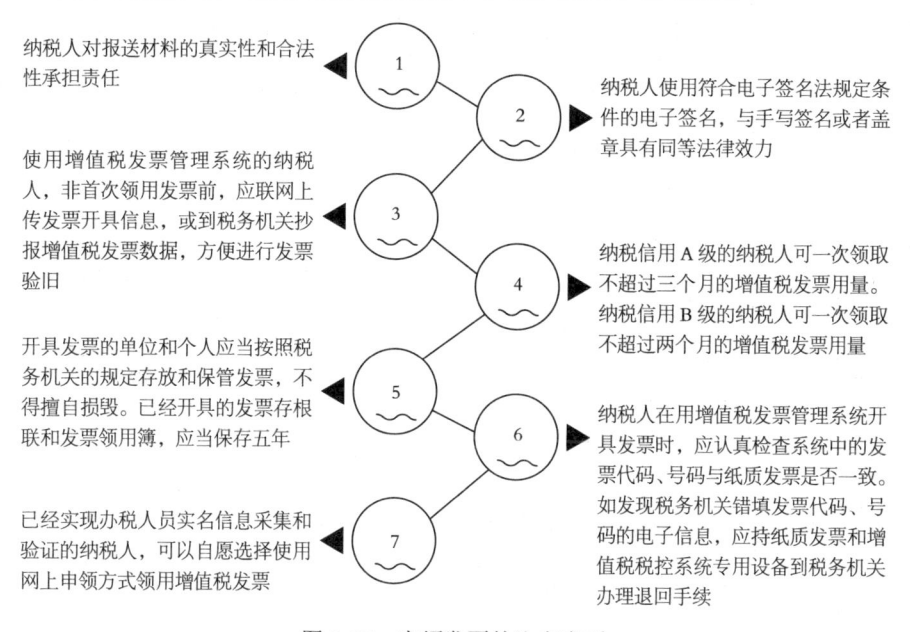

1. 纳税人对报送材料的真实性和合法性承担责任
2. 纳税人使用符合电子签名法规定条件的电子签名，与手写签名或者盖章具有同等法律效力
3. 使用增值税发票管理系统的纳税人，非首次领用发票前，应联网上传发票开具信息，或到税务机关抄报增值税发票数据，方便进行发票验旧
4. 纳税信用 A 级的纳税人可一次领取不超过三个月的增值税发票用量。纳税信用 B 级的纳税人可一次领取不超过两个月的增值税发票用量
5. 开具发票的单位和个人应当按照税务机关的规定存放和保管发票，不得擅自损毁。已经开具的发票存根联和发票领用簿，应当保存五年
6. 纳税人在用增值税发票管理系统开具发票时，应认真检查系统中的发票代码、号码与纸质发票是否一致。如发现税务机关错填发票代码、号码的电子信息，应持纸质发票和增值税税控系统专用设备到税务机关办理退回手续
7. 已经实现办税人员实名信息采集和验证的纳税人，可以自愿选择使用网上申领方式领用增值税发票

图 3-17 申领发票的注意事项

3.2.2 票据填写的基本要求

票据的填写是有一定规范的,若是随意填写,不仅会导致各单位或个人之间形成信息误差,还会为票据的监管工作带来困难。更重要的是,不规范的票据是不具备其应有的效力的,最终的结果不是打回重填,就是票据作废。

由于票据种类丰富,每一种票据在填写细节上都可能存在不同,但大部分票据还是有共通之处的,下面就通过表 3-2 了解票据填写的基本要求。

表 3-2 票据填写的基本要求

方 面	要 求
内容	票据内容应当做到真实、可靠、完整。书写字迹清晰规范,不得使用未经国务院公布的简化汉字,不得使用连笔字
金额	金额的填写必须做到标准化、规范化,要素齐全、数字正确、字迹清晰、不错漏、不潦草,防止涂改 ①中文大写金额数字应用正楷或行书填写,如壹、贰、叁、肆、伍、陆、柒、捌、玖、拾、佰、仟、万、亿、元、角、分、零、整(正)等 ②中文大写金额数字到"元"为止的,在"元"之后应写"整"(或"正")字,在"角"之后可以不写"整"(或"正")字。大写金额数字有"分"的,"分"后面不写"整"(或"正")字 ③中文大写金额数字前应标明"人民币"字样 ④大写金额数字应紧接"人民币"字样填写,不得留有空白。大写金额数字前未印"人民币"字样的,应加填"人民币"三字 ⑤阿拉伯小写金额数字中有"0"时,中文大写应按照汉语语言规律、金额数字构成和防止涂改的要求进行书写。如¥1 409.50,应写成人民币壹仟肆佰零玖元伍角 ⑥阿拉伯小写金额数字前面均应填写人民币符号"¥"。阿拉伯小写金额数字要认真填写,不得连写导致分辨不清
时间	票据的出票日期必须使用中文大写。为防止变造票据的出票日期,在填写月、日时,月为壹、贰和壹拾的,日为壹至玖和壹拾、贰拾和叁拾的,应在其前加"零";日为拾壹至拾玖的,应在其前加"壹"。如 1 月 15 日,应写成零壹月壹拾伍日。再如 10 月 20 日,应写成壹拾月零贰拾日
当事人	票据上记载的经济活动涉及的当事人,应当完整填写其单位全称或个人姓名全称,不得简写,不得填写昵称或简称
签章	票据填开的手续应当完备,且必须经过单位相关负责人的审核,在相应位置规范签字并盖章。对外开具的票据,还应当加盖本单位公章或财务专用章
附件	带有附件的票据,应当在票据对应位置填明附件的张数。根据票据性质不同,附件应当附在其背后或另行保管

续上表

方　面	要　求
更正	当票据填写时出现错误，不得在其上进行涂改、挖补和刮擦，应重新开具并填写。若确实需要在原票据上进行修改的，应当在更正处加盖专用印章

除了基本规范外，有些企业也会针对某些需要特别注意的票据制定填写规范，使其更适用于企业本身，销售人员可据此做一定的参考。下面通过某公司费用报销单填写和粘贴规范来具体了解。

实例分析 **某公司费用报销单填写和粘贴规范**

为了规范和统一费用报销单的填写及票据粘贴，快捷地报销各种费用，公司特制定此规范与要求，请各位同事遵照执行，如有不明白或需改进之处请向财务部咨询和建议。

一、报销单填写规范

填写报销单字迹工整、清晰，金额不得涂改，凡需填写大小写金额的单据，大小写金额必须相符，相关内容填写完整。

1. 报销单据一律用黑色钢笔或签字笔填写。

2. 如实填写报销时的日期、部门。

3. "附件"处填写报销单据的数量。

4. "项目"处填写费用的类别，如业务接待费（餐费及其他接待费用）、交通费（机票、车票、打车票等）、住宿费、办公用品费、油费、过路及停车费、打印费、宣传费等。

5. "摘要"栏简单填写事情经过，如地点、人员、事情等，若是招待送情，必须备注对象。无法备注对象的，谁同意送情招待，谁签字。

6. "金额"处填写实际发生金额。

7. "合计"处填写各项费用合计数，用阿拉伯数字填写。"合计"行上方有空栏的，由左下方斜向上画对角直线注销。

8. "金额大写"处填写合计的大写金额。若报销金额为千位数时，需在万字前画圈，圈内打叉，以此类推。若千位数有数值，而百位数为零，需在百位数前写零。人民币大写字样：零壹贰叁肆伍陆柒捌玖拾佰仟万。

9. 在费用报销单右下角的"报销人"处由报销人签字。

10. 报销人填写完成后，应先找部门负责人审批，并在"部门负责人"处签字。

11. 部门负责人签字完成后，应到财务处找财务负责人签字。

12. 最后到总经理处审批签字。

13. 出纳处领款签字，领款后盖付讫章。

二、票据粘贴要求

1. 所附发票应真实、合法，抬头应为公司的全称，不要简写、漏字或多字。

2. 报销单封面与封面后的托纸必须大小一致，各票据不得突出于封面和托纸之外（票据过大时应自行按封面大小折叠好）。

3. 尽量把发票贴均匀、平整，各部分厚度应尽量保持一致，以便财务部装订成册归档，会计凭证需保管15年。

4. 票据用胶水分类粘贴，如餐饮票、电话费、加油票、机票分门别类，顺序应与报销单封面顺序保持一致，同类单据金额按大小排列，应尽量贴在一起（注意不能用订书机）。

3.3 填开票据过程中的注意事项

在填开票据的过程中，有许多事项需要注意，包括一些常见的填写错误、开具过程中不得出现的行为、对票据真伪的验证、票据填开后的保管工作，以及发票填开不当将面临的处罚等，这些都是相关工作人员必须牢记于心的，销售人员也应当有所了解。

3.3.1 常见的填写错误及避免方法

在前面的内容中，已经详细介绍了票据的基本填写规范，它适用于大部分的票据，发票也不例外。下面就直接通过一个案例来分析发票填写过程中常出现的一些错误及其更正方法。

实例分析 发票填开时的常见错误及更正方式

2022年10月，甲装帧设计有限公司（以下简称甲公司）委托乙画册印务有限公司（以下简称乙公司）印刷并装订了一批办公资料，乙公司收取相应的材料费以及资料装订费，并开具了一张增值税普通发票，如图3-18所示，由销售人员张某交予甲公司。已知乙公司为增值税小规模纳税人，适用增值税征收率为3%，看看这张增值税专用发票示例是否有误。

××××××		四川增值税普通发票				No××××××		
		发 票 联				开票日期：2022年10月21日		
购买方	名称：甲装帧设计有限公司 纳税人识别号：×××××× 地址、电话：×××××× 开户行及账号：××××××		密码区		××××××			附件
货物或应税劳务、服务名称		规格型号	单位	数量	单价	金额	税率	税额
资料装订费 A4纸 合　　　计			箱	1 5	300.97 141	300.97 705 ¥1005.97	13% 13%	39.13 91.65 ¥130.78
价税合计（大写）		⊗ 壹仟壹佰叁拾陆元柒角伍分				（小写）¥1136.75		张
销售方	名称：乙印刷公司 纳税人识别号：×××××× 地址、电话：×××××× 开户行及账号：××××××		备注					
收款人：××		复核：××		开票人：××		销售方：乙公司		

图 3-18　增值税专用发票示例

首先大致浏览整张发票，确定内容项目都填写完毕后，开始逐一检查。

右上角为开票日期，确定与实际相符，填写正确。

"购买方"栏中，甲公司名称完整，纳税人识别号、地址、电话、开户行及账户完整，填写无误，继续检查。

"货物或应税劳务、服务名称"及其对应栏中，材料和费用的单位、数量、单价、金额与实际相符，但适用税率却填成了13%，这是增值税一般纳税人的适用税率，乙公司的适用税率为3%，这也导致了税额的计算错误及价税合计的填写错误，此处需要进行更正。

"资料装订费"的金额为300.97元，正确税额应当为9.03元（300.97×3%）；"A4纸"的金额为705.00元，正确税额应当为21.15元（705.00×3%）；正确的价税合计额应当为1 036.15元（300.97+705.00+9.03+21.15），大写金额应写成"壹仟零叁拾陆元壹角伍分"。

此处更正完毕后，继续来看后面的内容。在"销售方"一栏中，乙公司的名称处填写的是"乙印刷公司"，并不完整，应更正为"乙画册印务有限公司"，其他内容填写正确。

随后，检查复核人、开票人和销售方的签章，发现销售方一栏依旧未能完整填写乙公司名称，应当予以更正。同时，"附件"栏未填写附件张数，应当补充。

最后，来看看更正完毕后的正确发票示例，如图3-19所示。

四川增值税普通发票						No ×××××××	
发 票 联					开票日期：2022年10月21日		

购买方	名称：甲装帧设计有限公司 纳税人识别号：××××××× 地址、电话：××××××× 开户行及账号：×××××××	密码区	×××××××				附件
	货物或应税劳务、服务名称	规格型号	单位	数量	单价	金额	税率	税额
	资料装订费 A4纸		箱	1 5	300.97 141	300.97 705	3% 3%	9.03 21.15	1
	合　　计					¥1005.97		¥30.18	张
	价税合计（大写）	⊗壹仟零叁拾陆元壹角伍分				（小写）¥1036.15		
销售方	名称：乙画册印务有限公司 纳税人识别号：××××××× 地址、电话：××××××× 开户行及账号：×××××××	备注					

收款人：×× 　　复核：×× 　　开票人：×× 　　销售方：乙画册印务有限公司

图 3-19　更正完毕后的正确发票示例

3.3.2　发票填开过程中的注意事项

发票在填开时，有一些事项需要特别注意，销售人员必须了解这些事项，以避免给客户开出错误或无效的发票。

首先来了解发票开具时的注意事项，如图 3-20 所示。

1. 销售商品、提供服务以及从事其他经营活动的单位和个人，对外发生经营业务收取款项，收款方应当向付款方开具发票；特殊情况下，由付款方向收款方开具发票

2. 所有单位和从事生产、经营活动的个人在购买商品、接受服务，以及从事其他经营活动支付款项时，应当向收款方取得发票。取得发票时，不得要求变更品名和金额

3. 不符合规定的发票，不得作为财务报销凭证，任何单位和个人有权拒收

4. 开具发票应当按照规定的时限、顺序、栏目，全部联次一次性如实开具，并加盖发票专用章。任何单位和个人不得有下列虚开发票行为：为他人或自己开具与实际经营业务情况不符的发票；让他人为自己开具与实际经营业务情况不符的发票；介绍他人开具与实际经营业务情况不符的发票

5. 安装税控装置的单位和个人，应当按照规定使用税控装置开具发票，并按期向主管税务机关报送开具发票的数据。使用非税控电子器具开具发票的，应当将非税控电子器具使用的软件程序说明资料报主管税务机关备案，并按照规定保存、报送开具发票的数据

图 3-20　发票开具时的注意事项

任何单位和个人应当按照发票管理规定使用发票，不得有下列行为：

①转借、转让、介绍他人转让发票、发票监制章和发票防伪专用品。

②知道或者应当知道是私自印制、伪造、变造、非法取得或者废止的发票而受让、开具、存放、携带、邮寄、运输。

③拆本使用发票。

④扩大发票使用范围。

⑤以其他凭证代替发票使用。

关于发票的开具地和空白发票的流动，还需注意以下两点，如图3-21所示。

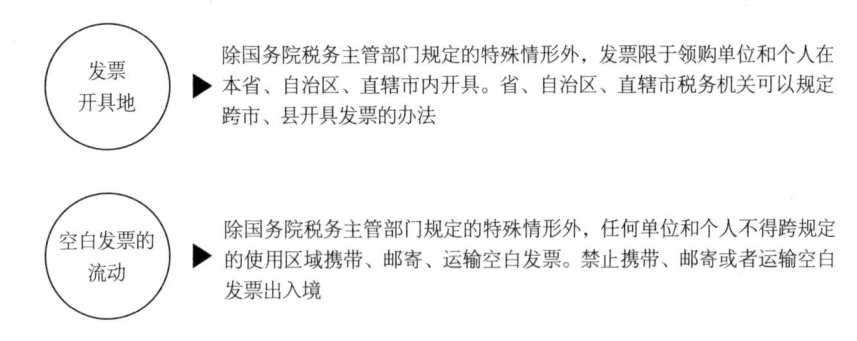

- **发票开具地** ▶ 除国务院税务主管部门规定的特殊情形外，发票限于领购单位和个人在本省、自治区、直辖市内开具。省、自治区、直辖市税务机关可以规定跨市、县开具发票的办法

- **空白发票的流动** ▶ 除国务院税务主管部门规定的特殊情形外，任何单位和个人不得跨规定的使用区域携带、邮寄、运输空白发票。禁止携带、邮寄或者运输空白发票出入境

图3-21 发票的开具地和空白发票的流动规定

3.3.3　学会鉴别伪造发票

销售人员在外开展销售业务时，经常会接触到各方开具的发票，更多时候，自身所在的企业还要向客户开具发票。为了避免收到伪造发票，或者出现发票遗失后被调包的情况，销售人员要具备从票面上鉴别发票真伪的能力，同时也要知道在哪里能真正查验到发票的真伪。

对于发票的鉴别主要集中在增值税专用发票和增值税普通发票上，这两种发票在印制时采用了多种防伪印刷技术以及一些专用字体，可供发票使用者和持有者查验。

（1）增值税专用发票防伪技术

增值税专用发票的防伪方式主要包括五种，分别是光角变色圆环纤维、造纸防伪线、防伪油墨颜色擦可变、专用异型号码及复合信息防伪，下面来逐一介绍。

◆ 光角变色圆环纤维

光角变色圆环纤维的防伪效果，指的是防伪纤维的物理形态呈圆环状，随机分布在发票的发票联、抵扣联和记账联专用纸张中。在自然光下观察与普通纸张基本相同，在 365nm 紫外光照射下，圆环靠近光源的半圆环为红色，远离光源的半圆环为黄绿色，如图 3-22 所示。

紫外光下观察

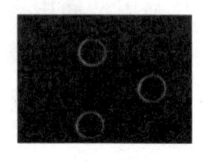

图 3-22　光角变色圆环纤维

销售人员在鉴别时，只需使用标准 365nm 紫外光源以小于 45 度的角度照射环形纤维，便可以观察到。

◆ 造纸防伪线

在发票的发票联、抵扣联和记账联专用纸张中含有造纸防伪线，防伪线在自然光下有黑水印的特点。在 365nm 紫外光照射下，为红蓝荧光点形成的条状荧光带，如图 3-23 所示，防伪线距票面右边缘 20mm ～ 80mm。

自然光下观察　　　　紫外光下观察

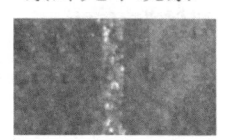

图 3-23　造纸防伪线

防伪线的鉴别不需要将标准 365nm 紫外光源倾斜角度，只需垂直照射即可观察到。

◆ 防伪油墨颜色擦可变

发票各联次左上方的发票代码使用防伪油墨印制，油墨印记在外力摩擦作用下可以发生颜色变化，产生红色擦痕，如图 3-24 所示。

发票代码图案原色　　　原色摩擦可产生红色擦痕
4600143160　　　　　　4600143160

图 3-24　防伪油墨颜色擦可变

鉴别时，使用白纸摩擦票面的发票代码区域，在白纸表面以及地区代码的摩擦区域均会产生红色擦痕。

◆ 专用异型号码

发票各联次右上方的发票号码为专用异型号码，字体为专用异型变化字体，如图 3-25 所示。

9876543210

图 3-25　专用异型号码

这一防伪技术可以直接观察到，当然，销售人员也可将其与上图进行逐一对比，以便更精准地判断。

◆ 复合信息防伪

发票的发票联、抵扣联和记账联票面具有复合信息防伪特征。销售人员只需使用复合防特征检验仪对发票进行检测，具体如图 3-26 所示，若发票通过检测，检验仪自动发出复合信息防伪特征验证通过的语音提示。

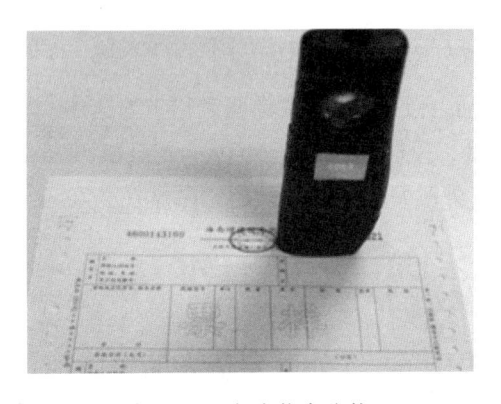

图 3-26　复合信息防伪

（2）增值税普通发票防伪技术

相较于增值税专用发票，增值税普通发票的防伪技术要更复杂一些，仅仅在纸张方面就有三种防伪鉴别方式，其他还有监制章专用红外激发荧光防伪、定制专用号码防伪、压划变色红外非吸收油墨防伪，以及微缩文字防伪等四大防伪技术，真正做到了严防死守。

◆ 增值税普通发票专用防伪无碳复写纸

在增值税普通发票专用纸张方面，主要存在三种防伪技术，具体如图 3-27 所示。

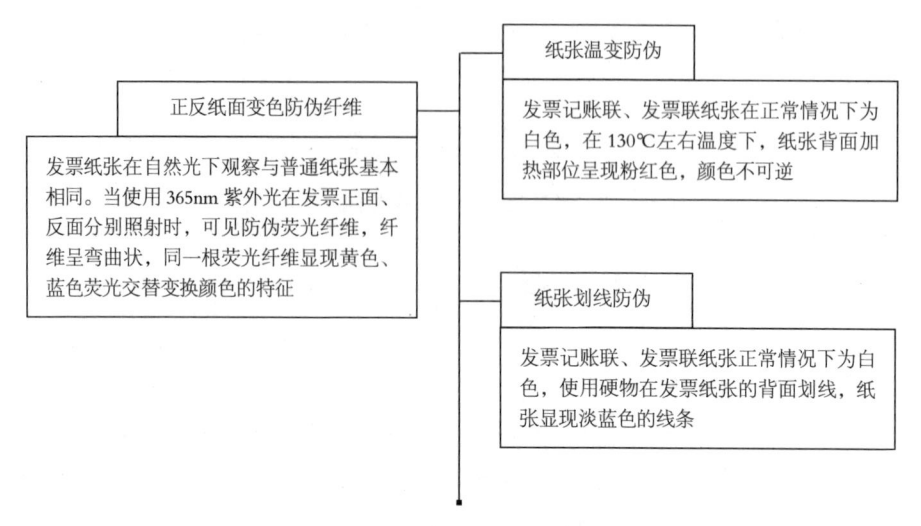

图 3-27　增值税普通发票专用纸张防伪

◆ 监制章专用红外激发荧光防伪

监制章位于产品记账联、发票联票面表格上方居中，椭圆下半弧顶点距表格上边框线 2.5mm 处，呈椭圆形，长 30.0mm，高 20.0mm，字体为楷体。该监制章采用的是专用红外激发荧光防伪油墨，图案在 960nm 专用红外激光笔照射下会发射出红色亮点。

图 3-28 是增值税普通发票上的监制章。

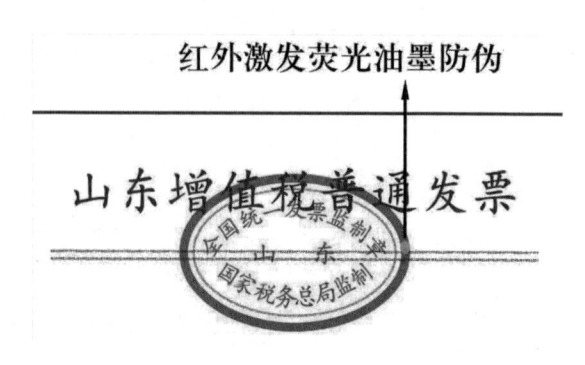

图 3-28　监制章专用红外激发荧光防伪

◆ 定制专用号码防伪

增值税普通发票的定制专用号码位于票面右上角字符（№）后，号码首位数字距字符（№）右端 4.0mm，底边距表格上边框线 14.0mm，共有八位专用号码，长约 22.0mm，高约 5.0mm，颜色为深蓝色。它是专业定制异形字体，为增值税普通发票专用号码，销售人员可采用样品对比方法，使用刻度尺测量鉴别，如图 3-29 所示。

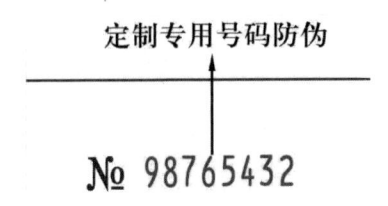

图 3-29　定制专用号码防伪

◆ 压划变色红外非吸收油墨防伪

压划变色红外非吸收油墨防伪的技术主要存在于发票代码和字符№上，首先来看发票代码和字符№的标准规格和位置。

发票代码。十位 2 号宋体阿拉伯数字，字高 4.5mm，长 35.0mm。位于票面左上角，数字最右端距双杠线左端 10.0mm，底边距表格上边框线 14.0mm。

字符№。字高 5.0mm，宽 5.5mm。位于票面右上角，字符（№）左端距双杠线右端 10.0mm，底边距表格上边框线 14.0mm。

再来看其防伪方法。在外力作用下，发票代码及字符№图案周围图案变红色；发票代码和字符№在自然光下呈现灰黑色，在红外专用识别仪下，发票代码字符和字符№不可见。

红外非吸收防伪需要工具鉴别，鉴别工具为红外专用识别仪，在 >700nm 的近红外区无吸收。压划防伪无需检验工具，用白纸或硬币等压划代码及字符№即可，如图 3-30 所示。

◆ 微缩文字防伪

增值税普通发票上的微缩文字位于监制章内圈及票面表格上方居中，双杠线下一行线距表格上边框线 11.5mm。双杠线的规格为两端各长出票头 3.0mm，线粗 0.28mm，监制章内圈线粗 0.26mm。

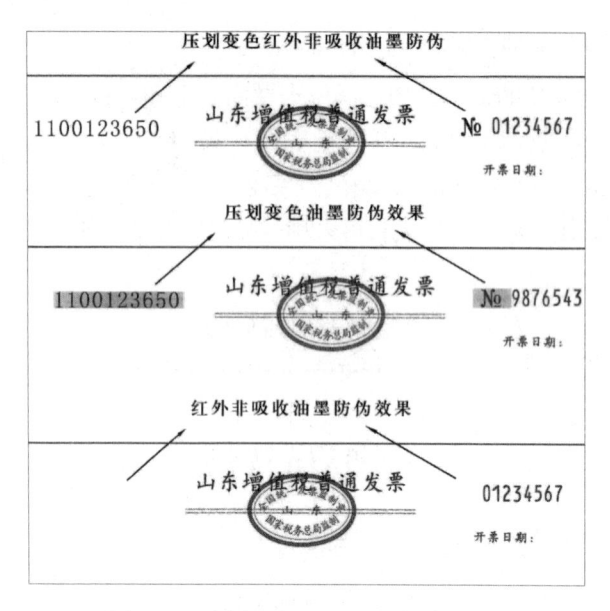

图 3-30　压划变色红外非吸收油墨防伪

　　双杠线上的缩微文字，上线条上的内容由地区名称加"增值税普通发票"的汉语拼音的微缩文字构成，下线条上的内容由"国家税务总局监制"的汉语拼音首位字母循环组成，注意，都是首位字母按特定规律组合而成的。

　　由于双杠线与监制章的颜色不同，因此，这两处的微缩文字颜色也应跟随一致。其中，双杠线颜色与发票表格文字颜色相同，监制章内圈线颜色与监制章颜色相同。销售人员只需使用放大十倍以上的放大镜观察，缩微线内容就清晰可见，如图 3-31 所示。

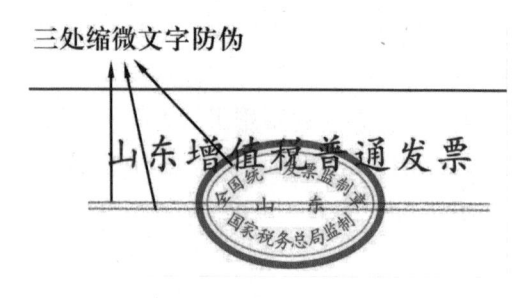

图 3-31　微缩文字防伪

　　除了对纸质发票进行自行验证辨别以外，销售人员还可以进入国家税务总局全国增值税发票查验平台，在首页进行发票真伪的查验，如图 3-32 所示。

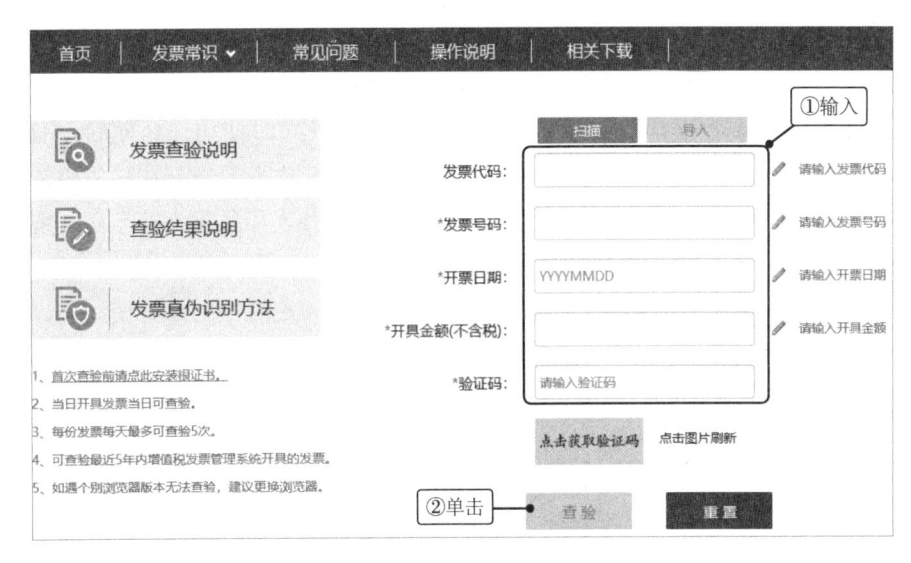

图 3-32　在网上查验发票真伪

销售人员只需在输入框中输入相应的内容，最后单击"查验"按钮即可。这种方法同时适用于纸质发票和电子发票，相较于自行辨认来说更加省时省力，并且正确率会高得多。

3.3.4　发票填开后一定要保管好

由于发票是核算增值税的关键依据，因此，企业在领购和填开发票后，必须按照规定妥善保管发票，不得擅自销毁，也不得乱涂乱改，具体规定如图 3-33 所示。

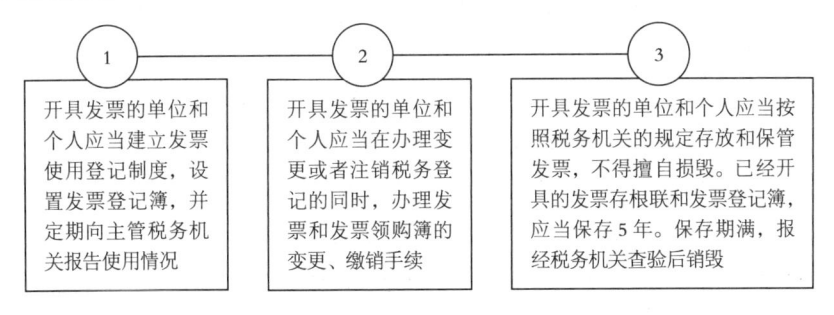

1	2	3
开具发票的单位和个人应当建立发票使用登记制度，设置发票登记簿，并定期向主管税务机关报告使用情况	开具发票的单位和个人应当在办理变更或者注销税务登记的同时，办理发票和发票领购簿的变更、缴销手续	开具发票的单位和个人应当按照税务机关的规定存放和保管发票，不得擅自损毁。已经开具的发票存根联和发票登记簿，应当保存 5 年。保存期满，报经税务机关查验后销毁

图 3-33　发票的保管事项

如果发票作废或者丢失，企业与个人应当遵循以下规定：

①发生发票丢失情形时，应当于发现丢失当日书面报告税务机关并登报声明作废。

②对由于开票人员工作失误或其他原因导致的错误发票，必须将全部联次妥善保管，并粘贴在原发票存根上，不得私自销毁，以备查核。

③因政策调整造成作废发票的，新旧发票可以同时使用，到期后，旧版发票全部作废，由税务机关组织全面清理和收缴。此类发票应当在税务机关收缴完毕以后指定专人集中保管，并登记清册，经经办人和负责人签字后，统一销毁。

还有一种情况，就是纳税人在领购发票后，在一定时期内没有使用完，留下了空白发票未使用。这些空白发票需要指定专人并设立专柜进行保管，确保发票安全，需做到防盗、防失、防潮。

3.3.5 发票填开不当的处罚

发票在填开过程中，几乎每一项程序都有相应规定进行约束，以杜绝伪造发票、虚开发票和偷税漏税等行为。如果纳税人在填开过程中违反了任何一项硬性规定，都会面临相应的处罚。

我国《发票管理办法》中，第三十三条规定："违反本办法的规定，有下列情形之一的，由税务机关责令改正，可以处1万元以下的罚款；有违法所得的予以没收：（一）应当开具而未开具发票，或者未按照规定的时限、顺序、栏目，全部联次一次性开具发票，或者未加盖发票专用章的；（二）使用税控装置开具发票，未按期向主管税务机关报送开具发票的数据的；（三）使用非税控电子器具开具发票，未将非税控电子器具使用的软件程序说明资料报主管税务机关备案，或者未按照规定保存、报送开具发票的数据的；（四）拆本使用发票的；（五）扩大发票使用范围的；（六）以其他凭证代替发票使用的；（七）跨规定区域开具发票的；（八）未按照规定缴销发票的；（九）未按照规定存放和保管发票的。"

第三十五条规定："违反本办法的规定虚开发票的，由税务机关没收违法所得；虚开金额在1万元以下的，可以并处5万元以下的罚款；虚开金额超过1万元的，并处5万元以上50万元以下的罚款；构成犯罪的，依法追究刑事责任。非法代开发票的，依照前款规定处罚。"

第三十六条规定："私自印制、伪造、变造发票，非法制造发票防伪专用品，伪造发票监制章，窃取、截留、篡改、出售、泄露发票数据的，由税务机关没收违法所得，没收、销毁作案工具和非法物品，并处1万元以上5万元以下的罚款；情节严重的，并处5万元以上50万元以下的罚款；构成犯罪的，依法追究刑事责任。前款规定的处罚,《中华人民共和国税收征收管理法》有规定的,依照其规定执行。"

由此可见,我国对发票的管理和约束还是比较严格的,目的是避免违法犯罪行为的出现,维护广大纳税人的权益。更多更具体的罚则详见《发票管理办法》,这里不再赘述。

第4章

销售人员应熟悉的税务知识

在企业运营过程中,无论是企业还是销售人员,都会涉及与税务有关的事项,比如企业要缴纳企业所得税以及附加税费,销售人员要缴纳个人所得税等。因此,熟悉税务相关的知识是非常有必要的。

4.1 对税收与纳税的基本认知

销售人员在日常生活与业务开展过程中,可能并不会接触到太多有关税务的工作,尤其是企业方面的,大多数情况都由企业办税人员负责。但接触较少并不代表不用了解,只有储备了知识,才能做到有备无患。

4.1.1 关于税收的常识

税收是指国家为了向社会提供公共产品、满足社会共同需要、参与社会产品的分配,按照法律的规定,强制、无偿取得财政收入的一种规范形式,是一种非常重要的政策工具。

在一个正常的国家经济体系中,税收是国家(政府)公共财政最主要的收入形式和来源。组织财政收入是税收的基本职能,除此之外,税收还是调控经济运行、调节收入分配的重要工具和手段。

税收与其他分配方式相比,具有强制性、无偿性和固定性的特征,具体如图4-1所示。

强制性

税收的强制性是指税收是国家以社会管理者的身份，通过颁布法律或政令来进行强制征收。负有纳税义务的社会集团和社会成员都必须遵守国家强制性的税收法令，在国家税法规定的限度内纳税

无偿性

税收的无偿性是指通过征税，社会集团和社会成员的一部分收入转归国家所有，国家不向纳税人支付任何报酬或代价。税收的无偿性是区分税收收入和其他财政收入形式的重要特征

固定性

税收的固定性是指税收是按照国家法令规定的标准征收的，即纳税人、课税对象、税目、税率、计价办法和期限等，都是税收法令预先规定了的，因此，税收是一种固定的连续收入

图 4-1 税收的特征

既然要收税，那么就存在税收制度，即税制。税制是国家以法律或法令形式确定的各种课税办法的总和，反映国家与纳税人之间的经济关系，是国家财政制度的主要内容。

税制包括纳税人、课税对象、税目、税率、纳税环节、计税依据、纳税期限、纳税地点、税收优惠及法律责任等要素，具体含义见表 4-1。

表 4-1 税制的基本要素

要　素	含　义
纳税人	纳税人又称纳税主体，是指税法规定负有纳税义务，并直接向税务机关缴纳税款的自然人、法人或其他组织
课税对象	课税对象又叫征税对象、征税客体，是指税法规定的对什么征税，是征纳税双方权利义务共同指向的客体或标的物
税目	税目是指在税法中对征税对象分类规定的具体的征税项目，反映了具体的征税范围，是对课税对象本质的界定
税率	税率是指纳税人的应纳税额与征税对象数额之间的比例，是法定的计算应纳税额的尺度
纳税环节	纳税环节主要是指税法规定的征税对象，在从生产到消费的流转过程中应当缴纳税款的环节
计税依据	计税依据又叫税基，是指据以计算征税对象应纳税款的直接数量依据，也是对课税对象的量的规定
纳税期限	纳税期限是指税法规定的关于税款缴纳时间方面的限定，是负有纳税义务的纳税人向国家缴纳税款的时间限制

续上表

要　素	含　义
纳税地点	纳税地点是指税法规定纳税人申报纳税的地点
税收优惠	税收优惠是指国家运用税收政策，在税收法律、行政法规中规定对某一部分特定企业和课税对象给予减轻或免除税收负担的一种措施
法律责任	法律责任指的是税收法律关系的主体因违反税收法律制度的行为所引起的不利法律后果，分为行政责任和刑事责任两种

在了解了基本的税收制度和概念后，销售人员还需要知道我国现行的18个税种，分别是增值税、消费税、关税、城市维护建设税、企业所得税、个人所得税、房产税、契税、土地增值税、城镇土地使用税、耕地占用税、车辆购置税、车船税、印花税、资源税、环保税、烟叶税和船舶吨税，具体含义见表4-2。

表4-2　我国现行的18种税

税　种	含　义
增值税	增值税是以商品（含应税劳务）在流转过程中产生的增值额作为计税依据，而征收的一种流转税。在前面有关增值税发票的内容中就有所体现了
消费税	消费税是以消费品的流转额作为征税对象的各种税收的统称，其征收环节单一，多数在生产或进口环节缴纳
关税	关税是引进或出口商品经过一国关境时，由政府所设置的海关向引进或出口商征收的税种
城市维护建设税	城市维护建设税又称城建税，是以纳税人实际缴纳的增值税、消费税税额为计税依据，依法计征的一种附加税
企业所得税	企业所得税是对中华人民共和国境内的企业和其他取得收入的组织的生产经营所得以及其他所得征收的一种所得税
个人所得税	个人所得税是对自然人取得的各项应税所得征收的一种所得税
房产税	房产税是以房屋为征税对象，按房屋的计税余值或租赁收入为计税依据，向产权所有人征收的一种财产税
契税	契税是指不动产（土地、房屋）产权发生转移变动时，就当事人所订的契约，按产价的一定比例向新业主（产权承受人）征收的一次性税种

续上表

税　种	含　义
土地增值税	土地增值税是对在中华人民共和国境内转让国有土地使用权、地上建筑物及其附着物的单位和个人，以其转让房地产所取得的增值额为课税对象而征收的一种税
城镇土地使用税	城镇土地使用税是指国家在城市、县城、建制镇、工矿区范围内，对使用土地的单位和个人，以其实际占用的土地面积为计税依据，按照规定的税额计算征收的一种税
耕地占用税	耕地占用税是对占用耕地建房或从事其他非农业建设的单位和个人征收的税
车辆购置税	车辆购置税是对在中华人民共和国境内购置规定车辆的单位和个人征收的一种税
车船税	车船税是对在中华人民共和国境内的车辆、船舶的所有人或者管理人征收的一种税
印花税	印花税是对在经济活动和经济交往中书立、领受具有法律效力的凭证的行为征收的一种税
资源税	资源税是以各种应税自然资源为课税对象，为了调节资源级差收入并体现国有资源有偿使用而征收的一种税
环保税	环保税也叫环境保护税，是对在中华人民共和国领域和中华人民共和国管辖的其他海域，直接向环境排放应税污染物的企业事业单位和其他生产经营者征收的一种税
烟叶税	烟叶税是以纳税人收购烟叶的收购金额为计税依据征收的一种税
船舶吨税	船舶吨税亦称吨税，是海关对外国籍船舶航行进出本国港口时，按船舶净吨位征收的税

这18种税，除了资源税、环保税、烟叶税和船舶吨税等只存在于特殊行业，或是产生特定行为才会征收以外，其他的税种都是企业在经营过程中可能会涉及的。对于这部分税种，销售人员就要重点关注，下面一节内容就将介绍这些税种的现行税率及税款征收的方式。

4.1.2　常见税种的现行税率与税收方式

在前面介绍税制的基本要素时，已经对税率的含义进行了解释，它是指纳税人的应纳税额与征税对象数额之间的比例。下面就来看看企业经营过程中可能涉及的常见税种的现行税率，见表4-3。

表 4-3 常见税种的现行税率

税　　种	现行税率
增值税	小规模纳税人适用征收率大多为3%，特殊情况下有5%或2%两档，这里的2%是3%征收率减按2%征收；一般纳税人适用税率为13%、9%、6%和0，特定业务可采用简易计税办法，计税时适用税率3%和5%
消费税	消费税涉及的税目众多，不同的税目之间的税率也存在差异，在征收时的计税方法也不同。常见的税率有从价税56%+从量税0.003元/支、从价税36%+从量税0.003元/支、30%、15%、250元/吨、1.52元/升等
关税	关税的税率设置十分复杂，进口关税设置了最惠国税率、协定税率、特惠税率、普通税率、关税配额税率等，出口关税设置了出口税率，具体可参考《中华人民共和国进出口关税条例》《中华人民共和国进境物品进口税率表》，以及海关总署、财政部和税务总局发布的有关进出口的税率表
城市维护建设税	根据纳税人所在地的不同，城市维护建设税税率分为三档。纳税人所在地在市区的，税率为7%；纳税人所在地在县城或镇的，税率为5%；纳税人所在地不在市区、县城或者镇的，税率为1%
企业所得税	根据企业规模和性质不同，企业所得税税率分为四档。一般适用税率为25%；符合条件的小型微利企业适用税率为20%；国家需要重点扶持的高新技术企业和对经认定的技术先进型服务企业适用税率为15%；非居民企业取得《中华人民共和国企业所得税法》第三条第三款规定的所得，适用税率为20%
个人所得税	根据个人所得的来源不同，个人所得税税率分为三大类 ①综合所得：3%、10%、20%、25%、30%、35%、45%，采用超额累进计算方法 ②经营所得：5%、10%、20%、30%、35%，采用超额累进计算方法 ③利息、股息、红利所得，财产租赁所得，财产转让所得，偶然所得适用20%比例税率
房产税	根据计征方式不同，房产税税率分为两档。采用从价计征的，税率为1.2%；采用从租计征的，税率为12%
契税	根据各省、自治区、直辖市人民政府的实际情况和规定不同，契税的税率在3%～5%之间波动，具体可参考地方性法规
土地增值税	土地增值税税率分为四档，即30%、40%、50%和60%，采用超率累进计算方法
城镇土地使用税	根据所在地区差异，城镇土地使用税的税额标准分为四类：1.5～30元/平方米，1.2～24元/平方米，0.9～18元/平方米，0.6～12元/平方米。采用的都是定额计算方法，并且是年税额
耕地占用税	与城镇土地使用税类似，耕地占用税的税额标准也分为四类：10～50元/平方米，8～40元/平方米，6～30元/平方米，5～25元/平方米。采用的都是定额计算方法，并且是一次性征收
车辆购置税	车辆购置税实行固定税率，即10%
车船税	根据税目的不同，车船税税额标准划分较多，有60～360元、300～540元、480～1 440元、16～120元和3～6元等，都是年税额
印花税	根据税目的不同，印花税税率有多种划分，包括支付价款的0.03%，借款金额的0.005%等

知道了常见税种的税率后，如何征收成为问题，下面就来学习税款征收的各种方式。

根据《中华人民共和国税收征收管理法》及其实施细则的规定，税款征收方式主要有查账征收、核定征收、代扣代缴和代收代缴、自核自缴、委托代征五大类。

（1）查账征收

查账征收也称"查账计征"或"自报查账"，查账征收是由纳税人依据账簿记载，先自行计算缴纳，事后经税务机关按照纳税人提供的账表所反映的经营情况，依照适用税率计算应纳税额，如有不符时，可多退少补的方式。

这种方式适用于账簿、凭证、会计等核算制度比较健全，能够据以如实核算生产经营情况，正确计算应纳税款的纳税人。

（2）核定征收

核定征收是指由税务机关根据纳税人情况，在正常生产经营条件下，对其生产的应税产品采用特定方法确定其应纳税收入或应纳税额后征收税款的征收方式。

核定征收主要包括查定征收、查验征收和定期定额征收三种，具体含义如图4-2所示。

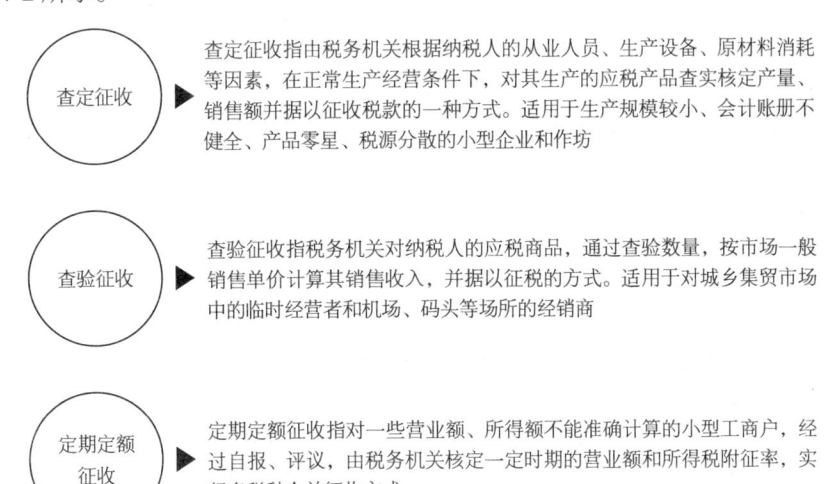

查定征收	查定征收指由税务机关根据纳税人的从业人员、生产设备、原材料消耗等因素，在正常生产经营条件下，对其生产的应税产品查实核定产量、销售额并据以征收税款的一种方式。适用于生产规模较小、会计账册不健全、产品零星、税源分散的小型企业和作坊
查验征收	查验征收指税务机关对纳税人的应税商品，通过查验数量，按市场一般销售单价计算其销售收入，并据以征税的方式。适用于对城乡集贸市场中的临时经营者和机场、码头等场所的经销商
定期定额征收	定期定额征收指对一些营业额、所得额不能准确计算的小型工商户，经过自报、评议，由税务机关核定一定时期的营业额和所得税附征率，实行多税种合并征收方式

图4-2 核定征收的三种方式

从图4-2中的三种核定征收方式可以看出，这种方式适用于不能完整、准确提供纳税资料的纳税人，这类纳税人需符合以下条件之一：

①依照法律、行政法规的规定可以不设置账簿的。
②依照法律、行政法规的规定应当设置账簿但未设置的。
③擅自销毁账簿或者拒不提供纳税资料的。
④虽设置账簿，但账目混乱或者成本资料、收入凭证、费用凭证残缺不全，难以查账征收的。
⑤发生纳税义务，未按照规定的期限办理纳税申报，经税务机关责令限期申报，逾期仍不申报的。
⑥申报的计税依据明显偏低，又无正当理由的。

（3）代扣代缴和代收代缴

代扣代缴和代收代缴的税收方式属于同一种类型，但其中还是存在一定的差异，销售人员一定不能混淆。

代扣代缴是指支付纳税人收入的单位和个人，从所支付的纳税人收入中扣缴其应纳税款，并向税务机关解缴的行为；代收代缴是指与纳税人有经济往来关系的单位和个人，借助经济往来关系向纳税人收取其应纳税款，并向税务机关解缴的行为。这两种征收方式适用于税源零星分散、不易控管的纳税人。

（4）自核自缴

自核自缴是指纳税人按照税务机关的要求和税法的规定，在规定的缴款期限内，根据其财务会计情况自行计算税款，自行填写纳税缴款书，自行向开户银行缴纳税款，税务机关会对纳税单位进行定期或不定期检查。由于三项"自行"行为的存在，因此自核自缴也称三自纳税。

（5）委托代征

委托代征是指税务机关为了缓解税收管理的压力，加强税款征收，保障国家税收收入实际需要，根据国家法律、法规的授权，依法委托给其他部门和单位代为执行税款征收任务的一种税款征收方式。

注意，不是所有的税种都可以通过委托代征的方式征收。更具体的信息可以查看税务总局、财政部等官方渠道发布的通知和公告。

4.1.3 纳税人的权利与义务

在明确纳税人的权利和义务之前，销售人员先要明白纳税人是如何认定的，不同的纳税人之间有什么差别。

首先，纳税人是指税法规定的负有纳税义务、直接向政府缴纳税款的自然人和法人。自然人指本国公民及在本国居住或从事经济活动的外国公民；法人则指依法成立、享有民事权利并能独立承担民事责任的企业和社团组织。

在我国，纳税人主要分为两类，一是增值税一般纳税人；二是增值税小规模纳税人。其中，增值税小规模纳税人是指从事货物生产或者提供应税劳务的纳税人，以及以从事货物生产或者提供应税劳务为主，并兼营货物批发或者零售的纳税人，年应税销售额在500.00万元及以下的。超过这一标准的就可以认定为增值税一般纳税人。

不过，如果年应税销售额在500.00万元以下，但自身会计核算健全、制度完善，并且能够提供完整准确税务资料的企业，也可申请认定为增值税一般纳税人。同理，如果年应税销售额超过了500.00万元，但自身会计核算混乱，不能提供相应税务资料的企业，就只能认定为增值税小规模纳税人。

有一点需要注意，一旦纳税人身份被认定后，就不能轻易更改。但在特殊情况下，比如小规模纳税人达到了认定为一般纳税人的条件时，还是可以申请转为一般纳税人的。除国家税务总局另有规定外，一般纳税人不得转为小规模纳税人。

下面来详细介绍纳税人的权利和义务。

（1）纳税人的权利

既然纳税人承担了纳税的责任，那么自然享有一定的权利，这是每一个纳税人需要明确的。

知情权。纳税人有权向税务局了解国家税收法律、行政法规的规定，以及与纳税程序有关的情况，包括下列事项：

①现行税收法律、行政法规和税收政策规定。

②办理税收事项的时间、方式、步骤及需要提交的资料。

③应纳税额核定及其他税务行政处理决定的法律依据、事实依据和计算方法。

④与税务局在纳税、处罚和采取强制执行措施时发生争议或纠纷时，纳税人可以采取的法律救济途径及需要满足的条件等。

保密权。纳税人有权要求税务局为纳税人的商业秘密和个人隐私保密，主要包括纳税人的技术信息、经营信息和纳税人、主要投资人，以及经营者不愿公开的个人事项等。

税收监督权。纳税人对税务局违反税收法律、行政法规的行为，不征或者少征应征税款，滥用职权多征税款或者蓄意为难等行为，可以进行检举和控告。

同时，纳税人对其他纳税人的税收违法行为也有权进行检举。

纳税申报方式选择权。纳税人有权选择纳税申报的方式，比如直接到指定的办税地点办理纳税申报或者报送代扣代缴、代收代缴税款报告表，或是按照规定采取邮寄、数据电文或者其他方式办理纳税申报、报送事项。但采取邮寄或数据电文方式办理纳税申报、报送事项的，需经纳税人的主管税务机关批准。

申请延期申报权和延期缴纳税款权。纳税人如不能按期办理纳税申报或者报送代扣代缴、代收代缴税款报告表，应当在规定的期限内向税务局提出书面延期申请，经核准，可在核准的期限内办理。经核准延期办理申报、报送事项的，应当在税法规定的纳税期内按照上期实际缴纳的税额或者税务局核定的税额预缴税款，并在核准的延期内办理税款结算。

如纳税人因有特殊困难不能按期缴纳税款的，经省、自治区、直辖市主管税务局批准，可以延期缴纳税款，但是最长不得超过三个月。纳税人满足以下任何一个条件，均可以申请延期缴纳税款：

①因不可抗力，导致纳税人发生较大损失，正常生产经营活动受到较大影响的。

②当期货币资金在扣除应付职工工资、社会保险费后，不足以缴纳税款的。

申请退还多缴税款权。对纳税人超过应纳税额缴纳的税款，税务局发现后，将自发现之日起十日内办理退还手续。如纳税人自结算缴纳税款之日起三年内发现的，有权向税务局要求退还多缴的税款，并加算银行同期存款利息。税务局自接到纳税人退还申请之日起30日内，查实并办理退还手续。

依法享受税收优惠权。纳税人有权依照法律、行政法规的规定书面申请减税、免税。减税、免税的申请须经法律、行政法规规定的减税、免税审查批准机关审批。当减税、免税期满，纳税人应当自期满次日起恢复纳税。纳税人的减税、免税条件发生变化的，应当自发生变化之日起15日内向税务局报告；不再符合减税、免税条件的，应当依法履行纳税义务。

委托税务代理权。纳税人有权就以下事项委托税务代理人代为办理：办理、变更或者注销税务登记、除增值税专用发票外的发票领购手续、纳税申报或扣缴税款报告、税款缴纳和申请退税、制作涉税文书、审查纳税情况、建账建制、办理财务和税务咨询、申请税务行政复议、提起税务行政诉讼以及国家税务总局规定的其他业务。

陈述与申辩权。纳税人对税务局作出的决定享有陈述权、申辩权。如果纳税人有充分的证据证明自己的行为合法，税务局就不得对纳税人实施行政处罚；即使纳税人的陈述或申辩不充分合理，税务局也需向纳税人解释实施行政处罚的原因，不会因纳税人的申辩而加重处罚。

合理合法的拒绝检查权。税务局派出的人员在进行税务检查时，应当向纳税人出示税务检查证和税务检查通知书；对未出示税务检查证和税务检查通知书的，纳税人有权拒绝检查。

税收法律救济权。纳税人对税务局作出的决定依法享有申请行政复议、提起行政诉讼、请求国家赔偿等权利。纳税人、纳税担保人同税务局在纳税上发生争议时，必须先依照税务局的纳税决定缴纳或者解缴税款及滞纳金或者提供相应的担保，然后可以依法申请行政复议；对行政复议决定不服的，可以依法向人民法院起诉。当税务局的职务违法行为给纳税人和其他税务当事人的合法权益造成侵害时，纳税人和其他税务当事人可以要求税务行政赔偿。

依法要求听证的权利。对纳税人作出规定金额以上罚款的行政处罚之前，税务局会向纳税人送达税务行政处罚事项告知书，告知纳税人已经查明的违法事实、证据、行政处罚的法律依据和拟将给予的行政处罚。对此，纳税人有权要求举行听证。税务局应纳税人的要求组织听证。如纳税人认为税务局指定的听证主持人与本案有直接利害关系，纳税人有权申请主持人回避。对应当进行听证的案件，税务局不组织听证，行政处罚决定不能成立。但纳税人放弃听证权利或者被正当取消听证权利的除外。

索取有关税收凭证的权利。税务局征收税款时，必须给纳税人开具完税凭证。扣缴义务人代扣、代收税款时，纳税人要求扣缴义务人开具代扣、代收税款凭证时，扣缴义务人应当开具。税务局扣押商品、货物或者其他财产时，必须开具收据；查封商品、货物或者其他财产时，必须开具清单。

（2）纳税人的义务

在经过前面内容的学习后，相信销售人员对纳税人的权利已经有了大概的认知，但纳税人的义务还需了解。

◆ 依法进行税务登记的义务

纳税人应当自领取营业执照之日起 30 日内，持有关证件，向税务局申报办理税务登记。税务登记主要包括领取营业执照后的设立登记、税务登记内容发生变化后的变更登记、依法申请停业、复业登记、依法终止纳税义务的注销登记等。

◆ 依法设置、保管有关资料的义务

纳税人应当按照有关法律、行政法规和国务院财政、税务主管部门的规定设置账簿，根据合法、有效凭证记账，进行核算；从事生产、经营的，必须按照国务院财政、税务主管部门规定的保管期限保管账簿、记账凭证、完税凭证及其他有关资料；账簿、记账凭证、完税凭证及其他有关资料不得伪造、变造或者擅自损毁。

此外，纳税人在购销商品、提供或者接受经营服务以及从事其他经营活动中，应当依法开具、使用、取得和保管发票。

◆ 会计核算软件备案和遵循财务会计制度的义务

纳税人的财务、会计制度或者财务、会计处理办法和会计核算软件，应当报送税务局备案。

纳税人的财务、会计制度或者财务、会计处理办法与国务院或者国务院财政、税务主管部门有关税收的规定抵触的，应依照国务院或者国务院财政、税务主管部门有关税收的规定计算应纳税款、代扣代缴和代收代缴税款。

◆ 按照规定安装、使用税控装置的义务

国家根据税收征收管理的需要，积极推广使用税控装置。纳税人应当按照规定安装、使用税控装置，不得损毁或者擅自改动税控装置。

如果纳税人未按规定安装、使用税控装置，或者损毁、擅自改动税控装置的，税务局将责令纳税人限期改正，并可根据情节轻重处以规定数额内的罚款。

◆ 按时、如实申报的义务

纳税人必须依照法律、行政法规规定或者税务局依照法律、行政法规的规定确定的申报期限、申报内容如实办理纳税申报，报送纳税申报表、财务会计报表，以及税务局根据实际需要要求纳税人报送的其他纳税资料。

扣缴义务人也有同样的义务。另外，纳税人即使在纳税期内没有应纳税款，也应当按照规定办理纳税申报。享受减税、免税待遇的，在减税、免税期间也应当按照规定办理纳税申报。

◆ 按时缴纳税款的义务

纳税人应当按照法律、行政法规规定或者税务局依照法律、行政法规的规定确定的期限，缴纳或者解缴税款。未按照规定期限缴纳税款或者解缴税款的，税务局除责令限期缴纳外，从滞纳税款之日起，按日加收滞纳税款 0.5‰ 的滞纳金。

◆ 代扣、代收税款的义务

如纳税人按照法律、行政法规规定负有代扣代缴、代收代缴税款义务，必须依照法律、行政法规的规定履行代扣、代收税款的义务。扣缴义务人依法履行代扣、代收税款义务时，纳税人不得拒绝。纳税人拒绝的，扣缴义务人应当及时报告税务局处理。

- ◆ 接受依法检查的义务

纳税人有接受税务局依法进行税务检查的义务，应主动配合税务局按法定程序进行税务检查，如实地向税务局反映自己的生产经营情况和执行财务制度的情况，并按有关规定提供报表和资料，不得隐瞒和弄虚作假，不能阻挠、刁难税务局的检查和监督。

- ◆ 及时提供信息的义务

纳税人除通过税务登记和纳税申报向税务局提供与纳税有关的信息外，还应及时提供其他信息，如纳税人有歇业、经营情况变化、遭受各种灾害等特殊情况的，应及时向税务局说明，以便税务局依法妥善处理。

- ◆ 报告其他涉税信息的义务

为了保障国家税收能够及时、足额征收入库，税收法律还规定了纳税人有义务向税务局报告如下涉税信息：

提供价格、费用标准资料的义务。纳税人有义务就纳税人与关联企业之间的业务往来，向当地税务机关提供有关的价格、费用标准等资料。纳税人有欠税情形而以财产设定抵押、质押的，应当向抵押权人、质权人说明纳税人的欠税情况。

企业合并、分立的报告义务。纳税人有合并、分立情形的，应当向税务局报告，并依法缴清税款。合并时未缴清税款的，应当由合并后的纳税人继续履行未履行的纳税义务；分立时未缴清税款的，分立后的纳税人对未履行的纳税义务应当承担连带责任。

报告全部账号的义务。如纳税人从事生产、经营，应当按照国家有关规定，持营业执照等证件，在银行或者其他金融机构开立基本存款账户和其他存款账户，并自开立基本存款账户或者其他存款账户之日起 15 日内，向纳税人的主管税务机关书面报告全部账号；发生变化的，应当自变化之日起 15 日内，向纳税人的主管税务机关书面报告。

处分大额财产报告的义务。如纳税人的欠缴税款数额在 5.00 万元以上，纳税人在处分不动产或者大额资产之前，应当向税务局报告。

4.2　与企业销售业务相关的税收知识

与企业业务，尤其是销售业务相关的税种有很多，并且企业会根据自身性质和主营业务的不同，侧重于不同的税种。比如外贸企业非常注重关税方面的工作，烟酒相关企业则更关注消费税。

其中，还是有部分税种是大部分企业在开展销售业务时会涉及的，如企业所得税和增值税。了解销售业务中常见的税种，对于销售人员来说是非常有必要的，同时，销售人员还需学习相关的税收知识，明白税收如何对企业的营业收入产生影响。

4.2.1 销售盈利须缴纳企业所得税

在我国境内企业和其他取得收入的组织为企业所得税的纳税人，应依照相关税法的规定缴纳企业所得税，但个人独资企业、合伙企业除外，这两类企业缴纳个人所得税。

这里的企业分为居民企业和非居民企业，具体含义如图4-3所示。

居民企业 ▶ 居民企业是指依法在我国境内成立，或者依照外国（地区）法律成立但实际管理机构在我国境内的企业

非居民企业 ▶ 非居民企业是指依照外国（地区）法律成立且实际管理机构不在我国境内，但在我国境内设立机构、场所的，或者在我国境内未设立机构、场所，但有来源于我国境内所得的企业

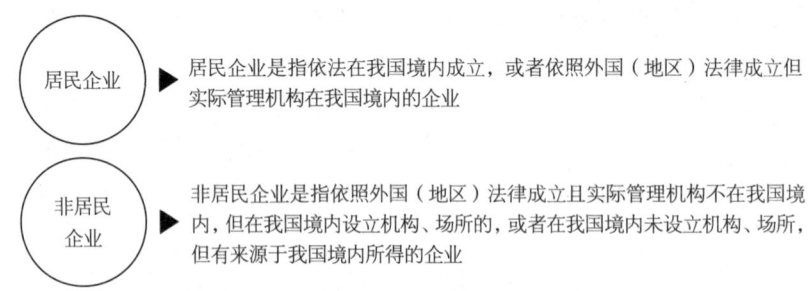

图 4-3　居民企业和非居民企业的含义

居民企业和非居民企业在缴纳企业所得税时的计税依据不同，具体如下所示：

①居民企业应当就其来源于我国境内、境外的所得缴纳企业所得税。

②非居民企业在我国境内设立机构、场所的，应当就其所设机构、场所取得的来源于我国境内的所得，以及发生在我国境外但与其所设机构、场所有实际联系的所得，缴纳企业所得税。非居民企业在我国境内未设立机构、场所的，或者虽设立机构、场所但取得的所得与其所设机构、场所没有实际联系的，应当就其来源于我国境内的所得缴纳企业所得税。

下面介绍企业所得税的应纳税所得额的含义和内容。企业每一纳税年度的收入总额，减除不征税收入、免税收入、各项扣除以及允许弥补的以前年度亏损后的余额，为应纳税所得额。

针对其中的收入总额、不征税收入、免税收入、各项扣除，以及允许弥补的以前年度亏损，解释见表4-4。

表 4-4　企业计算应纳税所得额时的各项目

项　目	含　义	具体内容
收入总额	收入总额指的是企业以货币形式和非货币形式，从各种来源取得的收入	销售货物收入，提供劳务收入，转让财产收入，股息、红利等权益性投资收益，利息收入，租金收入，特许权使用费收入，接受捐赠收入，其他收入
不征税收入	不征税收入指的是依据相关税法，不予征收税款的部分收入	财政拨款；依法收取并纳入财政管理的行政事业性收费、政府性基金；国务院规定的其他不征税收入
免税收入	免税收入指的是原本应当征税，但因税收优惠或其他政策等规定而免于征税的收入	国债利息收入；符合条件的居民企业之间的股息、红利等权益性投资收益；在我国境内设立机构、场所的非居民企业从居民企业取得与该机构、场所有实际联系的股息、红利等权益性投资收益；符合条件的非营利组织的收入
允许弥补的以前年度亏损	允许弥补的以前年度亏损的情形，指的是企业纳税年度发生的亏损，准予向以后年度结转，用以后年度的所得弥补，但结转年限最长不得超过五年	—
各项扣除	各项扣除指的是依据相关法律，准予企业在计算应纳税所得额时扣除的部分项目	企业实际发生的与取得收入有关的、合理的支出，包括成本、费用、税金、损失和其他支出 企业发生的公益性捐赠支出，在年度利润总额 12% 以内的部分；超过年度利润总额 12% 的部分，准予结转以后三年内，在计算应纳税所得额时扣除 企业按照规定计算的固定资产（需符合要求）折旧 企业按照规定计算的无形资产（需符合要求）摊销 企业发生的符合要求的部分支出作为长期待摊费用，按照规定摊销的，准予扣除，包括已足额提取折旧的固定资产的改建支出；租入固定资产的改建支出；固定资产的大修理支出；其他应当作为长期待摊费用的支出 企业使用或者销售存货，按照规定计算的存货成本

在确定了应纳税所得额后，就要计算应纳税额了。企业所得税的应纳税额是以应纳税所得额乘以适用税率，减除依照税收优惠的规定减免和抵免的税额后的余额。

这里提到了税收优惠，那么除了前面提到的免税收入以外，企业还能享受哪些税收优惠呢？下面一起来看看。

企业的下列所得，可以免征、减征企业所得税：

①从事农、林、牧、渔业项目的所得。

②从事国家重点扶持的公共基础设施项目投资经营的所得。

③从事符合条件的环境保护、节能节水项目的所得。

④符合条件的技术转让所得。

⑤《中华人民共和国企业所得税法》第三条第三款规定的所得。

同时，企业的下列支出可以在计算应纳税所得额时加计扣除：

①开发新技术、新产品、新工艺发生的研究开发费用。

②安置残疾人员及国家鼓励安置的其他就业人员所支付的工资。

对于不同性质和规模的企业，也有相应的税收优惠：

①符合条件的小型微利企业，减按20%的税率缴纳企业所得税。

②国家需要重点扶持的高新技术企业，减按15%的税率缴纳企业所得税。

③符合条件的非居民企业，减按20%的税率缴纳企业所得税。

④民族自治地方的自治机关对本民族自治地方的企业应缴纳的企业所得税中属于地方分享的部分，可以决定减征或者免征。

除此之外，还有一些税收优惠是需要企业开展特定业务或是产生特定行为才能够享受到的，如下所示：

①创业投资企业从事国家需要重点扶持和鼓励的创业投资，可以按投资额的一定比例抵扣应纳税所得额。

②企业的固定资产由于技术进步等原因，确需加速折旧的，可以缩短折旧年限或者采取加速折旧的方法。

③企业综合利用资源，生产符合国家产业政策规定的产品所取得的收入，可以在计算应纳税所得额时减计收入。

④企业购置用于环境保护、节能节水、安全生产等专用设备的投资额，可以按一定比例实行税额抵免。

关于企业所得税最终的缴纳，主要包括纳税地点、纳税年度、材料的报送和预缴以及企业终止经营活动和注销的内容，具体见表4-5。

表 4-5 企业所得税缴纳的相关内容

内 容	含 义
纳税地点	除税收法律、行政法规另有规定外,居民企业以企业登记注册地为纳税地点;但登记注册地在境外的,以实际管理机构所在地为纳税地点。居民企业在中国境内设立不具有法人资格的营业机构的,应当汇总计算并缴纳企业所得税
纳税年度	企业所得税按纳税年度计算。纳税年度自公历 1 月 1 日起至 12 月 31 日止。企业在一个纳税年度中间开业,或者终止经营活动,使该纳税年度的实际经营期不足 12 个月的,应当以其实际经营期为一个纳税年度
材料的报送和预缴	企业所得税分月或者分季预缴,具体规定如下 企业应当自月份或者季度终了之日起 15 日内,向税务机关报送预缴企业所得税纳税申报表,预缴税款 企业应当自年度终了之日起五个月内,向税务机关报送年度企业所得税纳税申报表,并汇算清缴,结清应补应退税款 企业在报送企业所得税纳税申报表时,应当按照规定附送财务会计报告和其他有关资料
企业终止经营活动和注销的情况	企业在年度中间终止经营活动的,应当自实际经营终止之日起 60 日内,向税务机关办理当期企业所得税汇算清缴 企业应当在办理注销登记前,就其清算所得向税务机关申报纳税并依法缴纳企业所得税

4.2.2 销售过程中涉及的增值税

在我国境内销售货物或者提供加工、修理修配劳务(以下简称劳务),销售服务、无形资产、不动产,以及进口货物的单位和个人,为增值税的纳税人,应当依照相关条例缴纳增值税。

由于存在增值税一般纳税人和增值税小规模纳税人的区别,因此增值税在征收时有税率和征收率的划分。

(1)增值税税率

针对一般纳税人,征收增值税时适用的是不同档次的税率,但一般纳税人选择采用简易计算方法计税的,按照征收率缴税。税率的档次主要根据征税对象来划分,具体见表 4-6。

表 4-6　增值税不同税率的征税对象

税率档次	征税对象
13%	纳税人销售货物、劳务、有形动产租赁服务或者进口货物，除对适用税率为 9%、0 的征税对象另有规定外，税率为 13%
9%	纳税人销售交通运输、邮政、基础电信、建筑、不动产租赁服务，销售不动产，转让土地使用权，销售或者进口下列货物，税率为 9% ①粮食等农产品、食用植物油、食用盐；②自来水、暖气、冷气、热水、煤气、石油液化气、天然气、二甲醚、沼气、居民用煤炭制品；③图书、报纸、杂志、音像制品、电子出版物；④饲料、化肥、农药、农机、农膜；⑤国务院规定的其他货物
6%	纳税人销售服务、无形资产，除对适用税率为 13%、9%、0 的征税对象另有规定外，税率为 6%
0	纳税人出口货物，税率为 0，但是国务院另有规定的除外 境内单位和个人跨境销售国务院规定范围内的服务、无形资产，税率为 0，包括以下内容 ①国际运输服务；②航天运输服务；③向境外单位提供的完全在境外消费的研发服务、合同能源管理服务、设计服务、广播影视节目（作品）的制作和发行服务、软件服务、电路设计及测试服务、信息系统服务、业务流程管理服务、离岸服务外包业务、转让技术

（2）征收率

针对小规模纳税人和选择采用简易计算方法计税的一般纳税人，征收增值税时适用的是征收率。根据纳税人销售的物品或提供的劳务不同，适用的征收率也不同，具体见表 4-7。

表 4-7　增值税不同征收率的征税对象

征收率	征税对象
3%	除另有规定外，小规模纳税人及一般纳税人选择简易办法计税的，征收率为 3%
3% 减按 2%	①一般纳税人销售自己使用过的属于《中华人民共和国增值税暂行条例》第十条规定不得抵扣且未抵扣进项税额的固定资产，选择简易计税方法计税的 ② 2008 年 12 月 31 日以前未纳入扩大增值税抵扣范围试点的纳税人，销售自己使用过的 2008 年 12 月 31 日以前（或在本地扩大增值税抵扣范围试点以前）购进或者自制的固定资产，选择简易计税方法计税的 ③小规模纳税人销售自己使用过的固定资产 ④纳税人销售旧货（指进入二次流通的具有部分使用价值的货物，含旧汽车、旧摩托车和旧游艇，但不包括自己使用过的物品），选择简易计税方法计税的
5%	①小规模纳税人转让、出租（不含个人出租住房）其取得的不动产 ②一般纳税人转让、出租其 2016 年 4 月 30 日前取得的不动产，选择简易计税方法计税的 ③房地产开发企业（一般纳税人）销售自行开发的房地产老项目（2016 年 4 月 30 日前开发的项目），选择简易计税方法计税的 ④房地产开发企业（小规模纳税人）销售自行开发的房地产项目 ⑤纳税人提供劳务派遣服务，选择差额纳税的

纳税人兼营不同税率的项目，应当分别核算不同税率项目的销售额；未分别核算销售额的，从高适用税率。

除《中华人民共和国增值税暂行条例》第十一条规定外，纳税人销售货物、劳务、服务、无形资产、不动产（即应税销售行为），应纳税额为当期销项税额抵扣当期进项税额后的余额。应纳税额计算公式为

$$应纳税额 = 当期销项税额 - 当期进项税额$$

当期销项税额小于当期进项税额，即不足抵扣时，其不足部分可以结转下期继续抵扣。

这里的销项税额指的是纳税人发生应税销售行为，按照销售额和相应档次的税率计算收取的增值税税额。销项税额计算公式为

$$销项税额 = 销售额 \times 适用税率$$

进项税额是指纳税人购进货物、劳务、服务、无形资产、不动产支付或者负担的增值税税额。进项税额计算公式为

$$进项税额 = 外购原料、燃料、动力等的价款 \times 适用税率$$

注意，不是所有进项税额都能从销项税额中抵扣。纳税人购进货物、劳务、服务、无形资产、不动产时，应当向销售方索取增值税专用发票。若纳税人取得的增值税扣税凭证不符合法律、行政法规或者国务院税务主管部门有关规定的，其进项税额不得从销项税额中抵扣。

除此之外，还有下列项目的进项税额不得从销项税额中抵扣：

①用于简易计税方法计税项目、免征增值税项目、集体福利或者个人消费的购进货物、劳务、服务、无形资产和不动产。

②非正常损失的购进货物，以及相关的劳务和交通运输服务。

③非正常损失的在产品、产成品所耗用的购进货物（不包括固定资产）、劳务和交通运输服务。

④国务院规定的其他项目。

销售某些特定物品时，增值税也可以免征，包括项目如下：

①农业生产者销售的自产农产品。

②避孕药品和用具。

③古旧图书。

④直接用于科学研究、科学试验和教学的进口仪器、设备。

⑤外国政府、国际组织无偿援助的进口物资和设备。

⑥由残疾人的组织直接进口供残疾人专用的物品。

⑦销售的自己使用过的物品。

除上述规定外,增值税的免税、减税项目由国务院规定。任何地区、部门均不得规定免税、减税项目。

注意,纳税人兼营免税、减税项目的,应当分别核算免税、减税项目的销售额;未分别核算销售额的,不得免税、减税。

拓展贴士《中华人民共和国增值税暂行条例》第十一条规定

小规模纳税人发生应税销售行为,实行按照销售额和征收率计算应纳税额的简易办法,并不得抵扣进项税额。应纳税额计算公式:

应纳税额 = 销售额 × 征收率

小规模纳税人的标准由国务院财政、税务主管部门规定。

下面继续介绍增值税的纳税地点,相关规定见表4-8。

表4-8 增值税的不同纳税地点

纳税人情况	纳税地点
固定业户在本县(市)销售货物或者劳务	应当向其机构所在地的主管税务机关申报纳税。总机构和分支机构不在同一县(市)的,应当分别向各自所在地的主管税务机关申报纳税;经国务院财政、税务主管部门或者其授权的财政、税务机关批准,可以由总机构汇总向总机构所在地的主管税务机关申报纳税
固定业户到外县(市)销售货物或者劳务	应当向其机构所在地的主管税务机关报告外出经营事项,并向其机构所在地的主管税务机关申报纳税;未报告的,应当向销售地或者劳务发生地的主管税务机关申报纳税;未向销售地或者劳务发生地的主管税务机关申报纳税的,由其机构所在地的主管税务机关补征税款
非固定业户销售货物或者劳务	应当向销售地或者劳务发生地的主管税务机关申报纳税;未向销售地或者劳务发生地的主管税务机关申报纳税的,由其机构所在地或者居住地的主管税务机关补征税款
进口货物	应当向报关地海关申报纳税。扣缴义务人应当向其机构所在地或者居住地的主管税务机关申报缴纳其扣缴的税款

增值税的纳税期限分别为1日、3日、5日、10日、15日、1个月或者1个季度。纳税人的具体纳税期限由主管税务机关根据纳税人应纳税额的大小分别核定;不能按照固定期限纳税的,可以按次纳税。

纳税人以一个月或者一个季度为一个纳税期的，自期满之日起15日内申报纳税；以1日、3日、5日、10日或者15日为一个纳税期的，自期满之日起五日内预缴税款，于次月1日起15日内申报纳税并结清上月应纳税款。

4.2.3 纳税义务发生时间与销售收入确认时间

纳税义务发生时间指纳税人依照税法规定负有纳税义务的时间；而销售收入确认时间是指销售业务发生后，能够将其作为收入登记入账的时间。

增值税的纳税义务发生时间主要包括以下几种情况：在发生应税销售行为时，为收讫销售款项或者取得索取销售款项凭据的当天；先开具发票的，为开具发票的当天；进口货物，为报关进口的当天。根据销售方式的不同，收讫销售款项、取得索取销售款项凭据和开具发票的时间也会有所不同，从而影响纳税义务发生的时间，如图4-4所示。

1. 采取直接收款方式销售货物的，无论货物是否发出，都为收讫销售款项或者取得索取销售款项凭据的当天；先开具发票的，为开具发票的当天

2. 采取托收承付和委托银行收款方式销售货物的，为发出货物并办妥托收手续的当天

3. 采取赊销、分期付款方式销售货物的，为书面合同约定的收款日期的当天；书面合同没有约定收款日期或者无书面合同的，为发出应税产品的当天

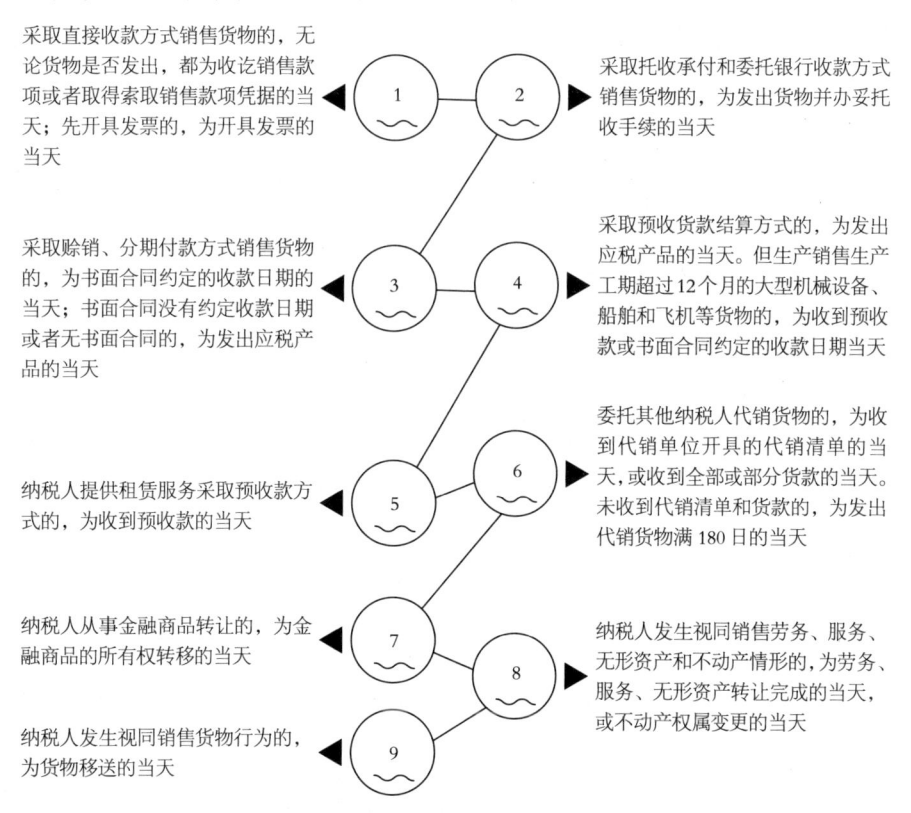

4. 采取预收货款结算方式的，为发出应税产品的当天。但生产销售生产工期超过12个月的大型机械设备、船舶和飞机等货物的，为收到预收款或书面合同约定的收款日期当天

5. 纳税人提供租赁服务采取预收款方式的，为收到预收款的当天

6. 委托其他纳税人代销货物的，为收到代销单位开具的代销清单的当天，或收到全部或部分货款的当天。未收到代销清单和货款的，为发出代销货物满180日的当天

7. 纳税人从事金融商品转让的，为金融商品的所有权转移的当天

8. 纳税人发生视同销售劳务、服务、无形资产和不动产情形的，为劳务、服务、无形资产转让完成的当天，或不动产权属变更的当天

9. 纳税人发生视同销售货物行为的，为货物移送的当天

图4-4 不同销售方式对纳税义务发生时间的影响

同样的，不同的销售方式对销售收入确认时间也会有影响，具体见表4-9。

表 4-9　不同销售方式对销售收入确认时间的影响

销售方式	销售收入确认时间
采取托收承付方式销售货物	办妥托收手续时确认
采取预收款方式销售货物	发出商品时确认
采取分期付款方式销售货物	按照合同约定的收款日期确认
销售货物后需要安装和检验	购买方接收货物并安装、检验完毕后确认
采取支付手续费方式委托代销货物	收到代销清单时确认
采取售后回购方式销售货物	收到销售款或取得索取销售款凭证时确认
采取以旧换新方式销售货物	售出新货物并收到销售款或取得索取销售款凭证时确认

4.2.4　特殊销售情况下增值税的核算方式

这里的特殊销售情况主要是指发生销售折让和销售退回的情况，这两种情况在许多销售场景中都存在，也是大部分销售人员都接触过的。

那么，在发生这些不属于常规销售情况时，营业收入如何计算？增值税销项税额又有哪些变化呢？下面就来逐一分析。

（1）销售折让

销售折让是指企业将商品销售给买方后，买方发现商品在质量、规格等方面不符合要求，要求销售方在价格上给予的减让。

在发生减让后，企业的营业收入和增值税销项税额都会有所变化，并且根据销售折让发生的时间不同，其变化的方式和账务处理也不同，具体如图 4-5 所示。

> **销售方确认收入前发生销售折让**
> 财会人员直接按照进行销售折让后的金额确认营业收入，也就是售价减去销售折让。同时，按照确认的收入核算增值税销项税额，也就是售价与销售折让的差额乘以相应税率

> **销售方确认收入后发生销售折让**
> 发生销售折让前，销售方确认收入时是按照原有售价确认的，那么在销售折让发生后，就要用售价减去销售折让的差额，将已确认的销售收入和增值税销项税额进行冲减

图 4-5　不同的销售折让方式

也就是说，无论销售折让发生的时间如何，最终的销售收入和增值税销项税额都是一样的，只是在账务处理上有所差别，销售人员只需了解即可。

（2）销售退回

销售退回是指企业将商品销售给买方后，买方发现商品在质量、规格等方面存在严重问题，直接将货物退还给销售方的行为，相应的，销售方也应当将相应货款退回给买方。

在这种情况下，企业的营业收入和增值税销项税额也会受到影响，下面就具体的情况进行分析，如图 4-6 所示。

> **销售方确认收入前发生销售退回**
>
> 由于销售方还没来得及确认收入，那么就只需按照销售退回后，原本货物的售价减去货物退回后的余额确认营业收入。同时，按照确认的收入核算增值税销项税额，也就是原本货物的售价减去货物退回后的余额乘以相应税率

> **销售方确认收入后发生销售退回**
>
> 这部分的处理方式与销售折让大致类似，但在货物成本上的处理不同。发生销售退回前，确认成本时是按照原有产品成本确认的，在销售退回发生后，就要用已退回货物对应的成本，将已确认的销售成本进行冲减

图 4-6　不同的销售退回方式

4.3　与销售人员自身相关的税收知识

与销售人员自身相关的税收知识主要集中于个人所得税、专项附加扣除、职工福利奖金和年度汇算清缴这几方面，关系到自身的收入和税款的缴纳，是值得销售人员重点关注的内容。

4.3.1　个人须缴纳个人所得税

个人所得税的纳税人分为居民个人和非居民个人。其中，在我国境内有住所，或者无住所而一个纳税年度（自公历 1 月 1 日起至 12 月 31 日止）内在我国境内居住累计满 183 天的个人，为居民个人。居民个人从我国境内和境外取得的所得，依照相关税法规定缴纳个人所得税。

在我国境内无住所又不居住，或者无住所而一个纳税年度内在我国境内居住累计不满 183 天的个人，为非居民个人。非居民个人从我国境内取得的所得，

依照相关税法规定缴纳个人所得税。

注意，除国务院财政、税务主管部门另有规定外，下列所得，不论支付地点是否在我国境内，均为来源于我国境内的所得：

①因任职、受雇、履约等在我国境内提供劳务取得的所得。

②将财产出租给承租人在我国境内使用而取得的所得。

③许可各种特许权在我国境内使用而取得的所得。

④转让我国境内的不动产等财产，或者在我国境内转让其他财产取得的所得。

⑤从我国境内企业、事业单位、其他组织，以及居民个人取得的利息、股息、红利所得。

在明确了这一点后，就可以了解哪些个人所得应当缴纳个人所得税，包括工资、薪金所得，劳务报酬所得，稿酬所得，特许权使用费所得，经营所得，利息、股息、红利所得，财产租赁所得，财产转让所得，偶然所得。这些应税项目具体包含的内容见表 4-10。

表 4-10 个人所得税各应税项目包含的内容

应税项目	包含内容
工资、薪金所得	个人因任职或者受雇取得的工资、薪金、奖金、年终加薪、劳动分红、津贴、补贴以及与任职或者受雇有关的其他所得
劳务报酬所得	个人从事劳务取得的所得，包括从事设计、装潢、安装、制图、化验、测试、医疗、法律、会计、咨询、讲学、翻译、审稿、书画、雕刻、影视、录音、录像、演出、表演、广告、展览、技术服务、介绍服务、经纪服务、代办服务以及其他劳务取得的所得
稿酬所得	个人因其作品以图书、报刊等形式出版、发表取得的所得
特许权使用费所得	个人提供专利权、商标权、著作权、非专利技术以及其他特许权的使用权取得的所得；提供著作权的使用权取得的所得不包括稿酬所得
经营所得	①个体工商户从事生产、经营活动取得的所得，个人独资企业投资人、合伙企业的个人合伙人来源于境内注册的个人独资企业、合伙企业生产、经营的所得 ②个人依法从事办学、医疗、咨询及其他有偿服务活动取得的所得 ③个人对企业、事业单位承包经营、承租经营以及转包、转租取得的所得 ④个人从事其他生产、经营活动取得的所得
利息、股息、红利所得	个人拥有债权、股权等而取得的利息、股息、红利所得
财产租赁所得	个人出租不动产、机器设备、车船及其他财产取得的所得
财产转让所得	个人转让有价证券、股权、合伙企业中的财产份额、不动产、机器设备、车船以及其他财产取得的所得
偶然所得	个人得奖、中奖、中彩以及其他偶然性质的所得

居民个人取得工资、薪金所得，劳务报酬所得，稿酬所得及特许权使用费所得（即综合所得）的，按纳税年度合并计算个人所得税；非居民个人取得工资、薪金所得的，按月或者按次分项计算个人所得税。纳税人取得其他所得的，依照相关税法规定分别计算个人所得税。

关于个人所得税的税率，根据应税项目的不同有不同的划分。综合所得适用 3%～45% 的超额累进税率；经营所得适用 5%～35% 的超额累进税率；利息、股息、红利所得，财产租赁所得，财产转让所得和偶然所得，适用比例税率，税率为 20%。

表 4-11 为综合所得适用的个人所得税税率。

表 4-11 综合所得适用的个人所得税税率

级　数	全年应纳税所得额	税率（%）	速算扣除数
1	不超过 36 000.00 元的	3	0
2	超过 36 000.00 元至 144 000.00 元的	10	2 520
3	超过 144 000.00 元至 300 000.00 元的	20	16 920
4	超过 300 000.00 元至 420 000.00 元的	25	31 920
5	超过 420 000.00 元至 660 000.00 元的	30	52 920
6	超过 660 000.00 元至 960 000.00 元的	35	85 920
7	超过 960 000.00 元的	45	181 920

表 4-12 为经营所得适用的个人所得税税率。

表 4-12 经营所得适用的个人所得税税率

级　数	全年应纳税所得额	税率（%）	速算扣除数
1	不超过 30 000.00 元的	5	0
2	超过 30 000.00 元至 90 000.00 元的	10	1 500
3	超过 90 000.00 元至 300 000.00 元的	20	10 500
4	超过 300 000.00 元至 500 000.00 元的	30	40 500
5	超过 500 000.00 元的	35	65 500

这里涉及应纳税所得额的计算，不同的应税项目，对应的应纳税所得额的计算会有所区别，具体如下所示：

①居民个人的综合所得，以每一纳税年度的收入额减除费用 6.00 万元，以及专项扣除、专项附加扣除和依法确定的其他扣除后的余额，为应纳税所得额。

②非居民个人的工资、薪金所得，以每月收入额减除费用 5 000.00 元后的余额为应纳税所得额。

③劳务报酬所得、稿酬所得、特许权使用费所得以收入减除一定费用后的余额为收入额，确认应纳税所得额；稿酬所得的收入额减按 70% 计算，然后减除一定费用后的余额为应纳税所得额。

④经营所得，以每一纳税年度的收入总额减除成本、费用，以及损失后的余额，为应纳税所得额。

⑤财产租赁所得，每次收入不超过 4 000.00 元的，减除费用 800.00 元；4 000.00 元以上的，减除 20% 的费用，其余额为应纳税所得额。

⑥财产转让所得，以转让财产的收入额减除财产原值和合理费用后的余额，为应纳税所得额。

⑦利息、股息、红利所得和偶然所得，以每次收入额为应纳税所得额。

在计算应纳税所得额时，有一些项目可以予以扣除，包括以下内容：

①个人将其所得对教育、扶贫、济困等公益慈善事业进行捐赠，捐赠额未超过纳税人申报的应纳税所得额 30% 的部分，可以从其应纳税所得额中扣除。

②居民个人的综合所得的应纳税所得额计算中的专项扣除，包括居民个人按照国家规定的范围和标准缴纳的基本养老保险、失业保险等社会保险费，以及基本医疗保险、住房公积金等。

③专项附加扣除，包括子女教育、继续教育、大病医疗、住房贷款利息、住房租金、赡养老人、三岁以下婴幼儿照护等支出。

④其他扣除，包括个人缴付符合国家规定的企业年金、职业年金，个人投保符合国家规定的商业健康保险、税收递延型商业养老保险的支出，以及国务院规定可以扣除的其他项目。

注意，专项扣除、专项附加扣除和依法确定的其他扣除，以居民个人一个纳税年度的应纳税所得额为限额；一个纳税年度扣除不完的，不结转以后年度扣除。

与企业所得税类似，个人所得税也有免予征收的个人所得项目，包括内容如下：

①省级人民政府、国务院部委和中国人民解放军军以上单位，以及外国组

织、国际组织颁发的科学、教育、技术、文化、卫生、体育、环境保护等方面的奖金。

②国债和国家发行的金融债券利息。

③按照国家统一规定发放的补贴、津贴。

④福利费、抚恤金、救济金。

⑤保险赔款。

⑥军人的转业费、复员费、退役金。

⑦按照国家统一规定发给干部、职工的安家费、退职费、基本养老金或者退休费、离休费、离休生活补助费。

⑧依照有关法律规定应予免税的各国驻华使馆、领事馆的外交代表、领事官员和其他人员的所得。

⑨中国政府参加的国际公约、签订的协议中规定免税的所得。

⑩国务院规定的其他免税所得。

有下列情形之一的，可以减征个人所得税，具体幅度和期限，由省、自治区、直辖市人民政府规定，并报同级人民代表大会常务委员会备案：

①残疾、孤老人员和烈属的所得。

②因自然灾害遭受重大损失的。

个人所得税以所得人为纳税人，以支付所得的单位或者个人为扣缴义务人。而大部分销售人员都是由企业支付所得，因此，销售人员所在的企业就是对应的扣缴义务人。扣缴义务人应当按照国家规定办理全员全额扣缴申报，并向纳税人提供其个人所得和已扣缴税款等信息。

居民个人取得综合所得，按年计算个人所得税；有扣缴义务人的，由扣缴义务人按月或者按次预扣预缴税款。同时，居民个人向扣缴义务人提供专项附加扣除信息的，扣缴义务人按月预扣预缴税款时应当按照规定予以扣除，不得拒绝。

4.3.2 专项附加扣除和保障措施

专项附加扣除是纳税人在计算个人所得税应纳税所得额时可以扣除的部分。对于有相应需求的销售人员来说，了解专项附加扣除的内容是必要的，这关系到自身切实利益，下面来详细介绍。

（1）专项附加扣除

个人所得税专项附加扣除是指个人所得税法规定的子女教育、继续教育、大病医疗、住房贷款利息、住房租金、赡养老人、三岁以下婴幼儿照护等七项专项附加扣除。

◆ 子女教育

纳税人的子女接受全日制学历教育的相关支出，按照每个子女每月2 000.00元的标准定额扣除。

这里的学历教育包括义务教育（小学、初中教育）、高中阶段教育（普通高中、中等职业、技工教育）、高等教育（大学专科、大学本科、硕士研究生、博士研究生教育）。年满三岁至小学入学前处于学前教育阶段的子女，按照同样的标准进行扣除。

纳税人子女在我国境外接受教育的，纳税人应当留存境外学校录取通知书、留学签证等相关教育的证明资料备查。

在扣除时，父母可以选择由其中一方按扣除标准的100%扣除，也可以选择由双方分别按扣除标准的50%扣除，具体扣除方式在一个纳税年度内不能变更。

◆ 继续教育

纳税人在中国境内接受学历（学位）继续教育的支出，在学历（学位）教育期间按照每月400.00元定额扣除。同一学历（学位）继续教育的扣除期限不能超过48个月。

纳税人接受技能人员职业资格继续教育、专业技术人员职业资格继续教育的支出，在取得相关证书的当年，按照3 600.00元定额扣除。同时，应当留存相关证书等资料备查。

个人接受本科及以下学历（学位）继续教育，符合《个人所得税专项附加扣除暂行办法》规定扣除条件的，可以选择由其父母扣除，也可以选择由本人扣除。

◆ 大病医疗

在一个纳税年度内，纳税人发生的与基本医保相关的医药费用支出，扣除医保报销后个人负担（指医保目录范围内的自付部分）累计超过15 000.00元的部分，由纳税人在办理年度汇算清缴时，在80 000.00元限额内据实扣除。

同时，纳税人应当留存医药服务收费及医保报销相关票据原件（或者复印件）等资料备查。医疗保障部门应当向患者提供在医疗保障信息系统记录的本人年度医药费用信息查询服务。

纳税人发生的医药费用支出可以选择由本人或者其配偶扣除；未成年子女

发生的医药费用支出可以选择由其父母一方扣除。在扣除时，对应的项目都是大病医疗专项附加扣除。

◆ 住房贷款利息

纳税人本人或者配偶单独或者共同使用商业银行或者住房公积金个人住房贷款为本人或者其配偶购买我国境内住房，发生的首套住房贷款利息支出，在实际发生贷款利息的年度，按照每月 1 000.00 元的标准定额扣除，扣除期限最长不超过 240 个月。并且，纳税人只能享受一次首套住房贷款的利息扣除。注意，这里说的首套住房贷款，是指购买住房享受首套住房贷款利率的住房贷款。同时，纳税人应当留存住房贷款合同、贷款还款支出凭证备查。

关于夫妻共有住房贷款的扣除问题，经夫妻双方约定，可以选择由其中一方扣除，具体扣除方式在一个纳税年度内不能变更。

若夫妻双方婚前分别购买住房发生了首套住房贷款，其贷款利息支出，婚后可以选择其中一套购买的住房，由购买方按扣除标准的 100% 扣除，也可以由夫妻双方对各自购买的住房分别按扣除标准的 50% 扣除，具体扣除方式在一个纳税年度内不能变更。

◆ 住房租金

纳税人在主要工作城市没有自有住房而发生的住房租金支出，可以按照以下标准定额扣除：

①直辖市、省会（首府）城市、计划单列市以及国务院确定的其他城市，扣除标准为每月 1 500.00 元。

②除第一项所列城市以外，市辖区户籍人口超过 100 万的城市，扣除标准为每月 1 100.00 元；市辖区户籍人口不超过 100 万的城市，扣除标准为每月 800.00 元。

纳税人的配偶在纳税人的主要工作城市有自有住房的，视同纳税人在主要工作城市有自有住房。

注意，这里所说的主要工作城市，是指纳税人任职受雇的直辖市、计划单列市、副省级城市、地级市（地区、州、盟）全部行政区域范围；纳税人无任职受雇单位的，为受理其综合所得汇算清缴的税务机关所在城市。纳税人应当留存住房租赁合同、协议等有关资料备查。

夫妻双方主要工作城市相同的，只能由一方扣除住房租金支出。并且，纳税人及其配偶在一个纳税年度内不能同时分别享受住房贷款利息和住房租金专项附加扣除。

◆ 赡养老人

纳税人赡养一位及以上被赡养人的赡养支出，统一按照以下标准定额扣除：

①纳税人为独生子女的，按照每月3 000.00元的标准定额扣除。

②纳税人为非独生子女的，由其与兄弟姐妹分摊每月3 000.00元的扣除额度，每人分摊的额度不能超过每月1 500.00元。可以由赡养人均摊或者约定分摊，也可以由被赡养人指定分摊。约定或者指定分摊的须签订书面分摊协议，指定分摊优先于约定分摊。具体分摊方式和额度在一个纳税年度内不能变更。

这里所说的被赡养人，是指年满60岁的父母，以及子女均已去世的年满60岁的祖父母、外祖父母。

◆ 三岁以下婴幼儿照护

纳税人照护三岁以下婴幼儿子女的相关支出，按照每个婴幼儿每月2 000.00元的标准定额扣除。

在进行扣除时，父母可以选择由其中一方按扣除标准的100%扣除，也可以选择由双方分别按扣除标准的50%扣除，具体扣除方式在一个纳税年度内不能变更。

（2）保障措施

保障措施是相关税法为保证个人所得税专项附加扣除能够遵循公平合理、简便易行、切实减负、改善民生的原则，制定的一系列措施，但主要围绕的就是专项附加扣除信息的提供和核查。

纳税人首次享受专项附加扣除，应当将专项附加扣除相关信息提交扣缴义务人或者税务机关，扣缴义务人应当及时将相关信息报送税务机关，纳税人对所提交信息的真实性、准确性、完整性负责。专项附加扣除信息发生变化的，纳税人应当及时向扣缴义务人或者税务机关提供相关信息。

纳税人向收款单位索取发票、财政票据、支出凭证，收款单位不能拒绝提供。同时，纳税人需要留存备查的相关资料，且应当留存5年。

有关部门和单位有责任和义务向税务部门提供或者协助核实以下与专项附加扣除有关的信息：

①公安部门有关户籍人口基本信息、户成员关系信息、出入境证件信息、相关出国人员信息、户籍人口死亡标识等信息。

②卫生健康部门有关出生医学证明信息、独生子女信息。

③民政部门、外交部门、法院有关婚姻状况信息。

④教育部门有关学生学籍信息（包括学历继续教育学生学籍、考籍信息）、在相关部门备案的境外教育机构资质信息。

⑤人力资源和社会保障等部门有关技工院校学生学籍信息、技能人员职业资格继续教育信息、专业技术人员职业资格继续教育信息。

⑥住房城乡建设部门有关房屋（含公租房）租赁信息、住房公积金管理机构有关住房公积金贷款还款支出信息。

⑦自然资源部门有关不动产登记信息。

⑧人民银行、金融监督管理部门有关住房商业贷款还款支出信息。

⑨医疗保障部门有关在医疗保障信息系统记录的个人负担的医药费用信息。

⑩国务院税务主管部门确定需要提供的其他涉税信息。

有关部门和单位拥有专项附加扣除涉税信息，但未按规定要求向税务部门提供的，拥有涉税信息的部门或者单位的主要负责人及相关人员承担相应责任。

扣缴义务人发现纳税人提供的信息与实际情况不符的，可以要求纳税人修改。纳税人拒绝修改的，扣缴义务人应当报告税务机关，税务机关应依法及时处理。税务机关核查专项附加扣除情况时，纳税人任职受雇单位所在地、经常居住地、户籍所在地的公安派出所、居民委员会或者村民委员会等有关单位和个人应当协助核查。

4.3.3 个人须参与年度汇算清缴

汇算清缴是指所得税和某些其他实行预缴税款办法的税种，在年度终了后的税款汇总结算清缴工作。

由于所得税一般采取分月、分季预缴税款的方式，但在年度终了时，还是要按全年的应纳税所得额，依据税法规定的税率计算征税。因此，这二者之间难免会产生误差，所以纳税人就需要参与年终汇算清缴，对已预缴的税款实行多退少补。

对于销售人员这样的个人而言，就需要参与个人所得税综合所得年度汇算清缴。

个人所得税综合所得年度汇算清缴指的是年度终了后，纳税人汇总工资薪金、劳务报酬、稿酬、特许权使用费等四项综合所得的全年收入额，减去全年的费用和扣除项目，得出应纳税所得额。随后按照综合所得年度税率表，计算全年应纳个人所得税，再减去年度内已经预缴的税款，最后，向税务机关办理年度纳税申报，并结清应退或应补税款。

办理年度汇算清缴，需要符合两个基本条件，具体如图4-7所示。

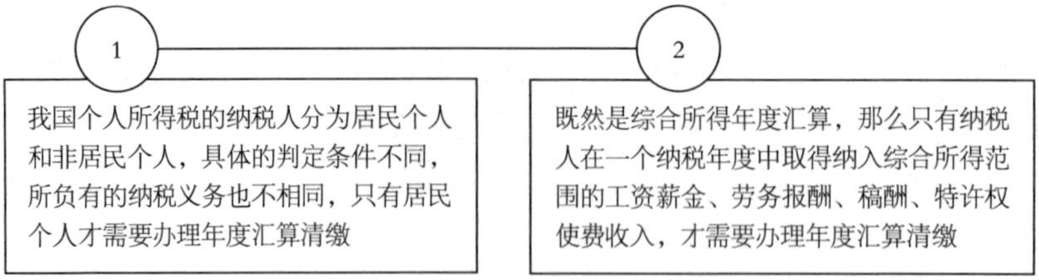

1 我国个人所得税的纳税人分为居民个人和非居民个人，具体的判定条件不同，所负有的纳税义务也不相同，只有居民个人才需要办理年度汇算清缴

2 既然是综合所得年度汇算，那么只有纳税人在一个纳税年度中取得纳入综合所得范围的工资薪金、劳务报酬、稿酬、特许权使费收入，才需要办理年度汇算清缴

图4-7　办理年度汇算清缴的条件

符合两个基本条件后，还有一个差额标准，也就是"有差额即汇算，无差额不办理"。一般来讲，只要平时已预缴税款与年度应纳税额不一致，就需要办理年度汇算清缴，包括两种情况，一是平时多预缴了个人所得税，需要申请退税；二是平时少预缴了个人所得税，应当申报补税。

但还有两种例外情形，即便纳税人符合前述条件，只要有这两种例外情形，也不需要办理年度汇算清缴，如图4-8所示。

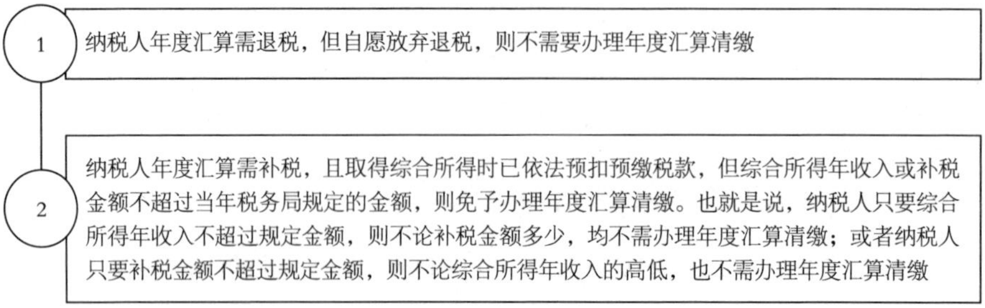

1 纳税人年度汇算需退税，但自愿放弃退税，则不需要办理年度汇算清缴

2 纳税人年度汇算需补税，且取得综合所得时已依法预扣预缴税款，但综合所得年收入或补税金额不超过当年税务局规定的金额，则免予办理年度汇算清缴。也就是说，纳税人只要综合所得年收入不超过规定金额，则不论补税金额多少，均不需办理年度汇算清缴；或者纳税人只要补税金额不超过规定金额，则不论综合所得年收入的高低，也不需办理年度汇算清缴

图4-8　无需办理汇算清缴的例外情况

办理年度汇算清缴的步骤大致需要五步，具体如下所示：

①选择办理方式。办理方式一共有三种，纳税人可以自行办理；可以请任职受雇单位办理；也可以委托涉税专业服务机构或其他单位、个人代为办理，此时要特别注意与受托人签订委托授权书，明确双方的权利和义务，以保护好自身的合法权益。

②选择办理渠道。纳税人可以通过个人所得税手机App、自然人电子税务局网页端办理年度汇算，或是通过邮寄方式，或者到办税服务厅办理。

③确定税务机关。确定受理年度汇算申报的税务机关。负责接受纳税人年度汇算申报的税务机关，主要有两种情形。

一是纳税人自行办理或受托人为纳税人代为办理年度汇算的情况下。纳税人有任职受雇单位的，向其任职受雇单位所在地主管税务机关申报；有两处及以上任职受雇单位的，选择向其中一处单位所在地主管税务机关申报。纳税人没有任职受雇单位的，向其户籍所在地或者经常居住地主管税务机关申报。

二是如果由扣缴单位为纳税人办理年度汇算清缴，则向扣缴单位的主管税务机关申报。

④填写确认申报表。纳税人自行办理年度汇算，不论是选择网络、邮寄还是现场办理，都需要填写申报表。即便选择网络办理，税务机关已按一定规则为纳税人预填了申报表数据，但纳税人仍需逐项梳理确认。

⑤办理退补税。如果年度汇算的结果是退税，纳税人在申报表的相应栏次勾选"申请退税"，即完成了申请提交。

年度汇算清缴的结果是需要补税的，税务机关提供了多种便捷渠道，纳税人可以通过网上银行、办税服务厅 POS 机刷卡、银行柜台、非银行支付机构等方式缴纳应补税款。

在办理年度汇算清缴的过程中，还有一些注意事项需要销售人员了解，具体如下所示。

①有责任办申报：税法规定纳税人负有年度汇算清缴申报的责任和义务。税务机关按一定规则预填申报表后，还需要纳税人根据自身实际情况逐项核对、确认，个人要对申报信息的真实性、准确性和完整性负责，按照"汇收支、据实填；有数据、确认填；未发生、不能填；存疑惑、弄清填"的原则填写报表，提交后，即意味着纳税人对申报材料负法律责任。

②退补税存差异：纳税人需要弄清楚年度汇算清缴的退税、补税，退的是平时预缴税款大于年度应纳税额的差额，而不是把已经预缴的税款全部退还；补的是平时预缴税款小于年度应纳税额的差额，而不是重新缴税。

③操作中防风险：年度汇算清缴的办理流程较长，在此过程中，纳税人要保护好个人信息，注意风险防范。比如，要通过各大正规手机应用市场或税务机关官方网站下载安装个人所得税手机 App 软件；遇到问题要及时向单位、税务机关或者税务专业机构、人士咨询，从税务机关官方网站等正规渠道学习操作指引；纳税人办理退税，只需要在申报退税时同步填写本人银行账号即可，税务机关不会通过其他任何渠道（如电话、短信等）索要纳税人的银行账户信息等。

第5章

根据法律法规签订有效的合同

销售人员在开展销售业务时,有一项工作肯定是经常接触的,那就是合同的签订。无论是销售物品还是提供劳务,抑或是租赁器械,都需要当事人签订相应的合同,以明确各自的责任和权利。其中涉及有关合同的一系列法律常识,需要销售人员重点了解,避免签下无效的合同。

5.1 关于合同的基础知识

合同是民事主体之间设立、变更、终止民事法律关系的协议。依法成立的合同受法律保护,并且仅对当事人具有法律约束力,但是法律另有规定的除外。销售人员首先需要了解的就是有关合同的基本知识。

5.1.1 合同的基本构成与订立方式

签订合同作为一种民事法律行为,合同是当事人协商一致的产物。只有当事人所作出的意思表示合法,合同才具有法律约束力,依法成立的合同从成立之日起生效。销售人员在与客户签订单时,最常接触到的也是合同,因此需要特别关注。

下面分别介绍合同的基本构成与订立方式,以及合同订立过程中不得出现的行为。

(1)合同基本构成

合同一般由以下几部分构成。

①当事人信息。主要包括当事人的姓名(名称)、住所、联系方式等。

②标的。标的是合同设立的目的，也是双方交易的对象，是合同中的关键部分。

③数量、质量。应当包括交易物的数量和质量情况，以便交易双方核对。

④价款或报酬。为实现标的交易而需要支付的价款，以及买方应当支付的报酬，包括付款方式、条件、定金等。

⑤履行因素。包括期限、地点、方式等。

⑥违约责任。违约金、定金、赔偿金、免责等内容都包括在内。

⑦解决争议的方式。明确发生争议后仲裁还是诉讼，如果选择仲裁的，相关条款应符合仲裁法的规定。

（2）合同订立方式

当事人订立合同，可以采用书面形式、口头形式或者其他形式。

◆ 口头形式

口头形式是指当事人只用口头语言为意思表示订立合同，而不用文字表达协议内容的形式。尽管口头形式订立合同看似比较草率、不合规，但这种形式在日常生活中经常被采用，比如集市的现货交易、商店里的零售等。

其实，凡当事人无约定，法律未规定必须采用特定形式的合同，均可采用口头形式。并且，合同采取口头形式订立，并不意味着不能产生任何文字的凭证，比如，消费者到商店购买商品，可以要求商店开具相应的增值税发票或是购物凭证，这便是一种证明。

在产生纠纷、争议时，当事人就可以将这些凭证作为证明合同存在及合同关系的关键依据。但相较于书面订立的合同来说，口头形式订立的合同很难举证，并且容易出现责任难以划分的情况。因此，凡是涉及金额较大、不能及时结清的合同，最好还是不要采用口头订立方式。

比如下面一个案例，就是交易涉及金额较大时，双方仍旧使用口头订立的方式约定交易，导致纠纷产生。

实例分析 因口头约定交易导致的纠纷

某日，某外贸公司为出口销售化工原料，到某化工厂采购化工原料400吨。外贸公司到化工厂看了样品、包装样品及产品说明书之后，双方进行了口头商定，具体内容如下：

由化工厂于同年××月××日前将400吨化工原料托运到外贸公司仓库，产品质量要达到国家标准，每吨价格为2 000.00元。付款结算办法为先由化工厂发货，然后由化工厂凭本厂发货及铁路托运票证到外贸公司结算，发一批货，结一次款项。

在此次商谈的两天之后，外贸公司给化工厂打来电话称："将原定的400吨改为600吨，质量、价格、到站地点与原商定一样，没有变化。"化工厂按照约定时间足额交货并通过验收后进行了结算。

后来外贸公司由于各种原因没有和外商达成合作，外商改变了从中国进口此货的计划，公司销售订单被拒。在这种情况下，外贸公司既没有让化工厂停止发货，也没有从某仓库将货物取走或者是转为内销。

在××月的时候，外贸公司发现此化工原料已经变质，于是找到化工厂要求其处理这批货物。此时，化工厂与该外贸公司已结算了全部货款，化工厂以合同已经履行完毕，该化工原料已超过保质期为由拒绝处理。

案例中，化工厂与外贸公司之间的高达120.00万元（600×2 000.00）的化工原料交易是以口头方式约定的，其间几乎没有留存过能够证明此次交易存在，以及能够约束双方在此次交易中的责任与义务的文件或材料。这就使得化工厂在结算完成后不存在提醒外贸公司取货的义务，而外贸公司自然也没有要求化工厂处理过期货物的权利。

◆ 书面形式

书面形式是合同书、信件、电报、电传、传真等可以有形地表现所载内容的形式。以电子数据交换、电子邮件等方式能够有形地表现所载内容，并可以随时调取查用的数据电文，视为书面形式。

书面合同自然必须由文字凭据组成，但并非一切文字凭据都是书面合同的组成部分。成为书面合同的文字凭据必须符合以下要求：①有某种文字凭据；②当事人或其代理人在文字凭据上签字或盖章；③文字凭据上载有合同权利义务。

合同既然书面签订，那么就有一个成立时间，这个成立时间根据签订的形式不同而有所区别。《中华人民共和国民法典》（以下简称《民法典》）有如下规定：

第四百九十条规定："当事人采用合同书形式订立合同的，自当事人均签名、盖章或者按指印时合同成立。在签名、盖章或者按指印之前，当事人一方已经履行主要义务，对方接受时，该合同成立。法律、行政法规规定或者当事人约定合同应当采用书面形式订立，当事人未采用书面形式但是一方已经履行主要义务，对方接受时，该合同成立。"

第四百九十一条规定："当事人采用信件、数据电文等形式订立合同要求签订确认书的，签订确认书时合同成立。当事人一方通过互联网等信息网络发布的商品或者服务信息符合要约条件的，对方选择该商品或者服务并提交订单成功时合同成立，但是当事人另有约定的除外。"

◆ 推定形式

推定形式是指当事人未用语言、文字表达其意思表示，仅用行为向对方发出要约，对方接受该要约，做出一定或指定的行为作为承诺的，合同成立。其中，要约是希望与他人订立合同的意思表示，该意思表示应当符合下列条件：内容具体确定；表明经受要约人承诺，要约人即受该意思表示约束。

承诺是受要约人同意要约的意思表示，应当以通知的方式作出，但是，根据交易习惯或者要约表明可以通过行为作出承诺的除外。

另外，根据《民法典》第四百八十八条规定："承诺的内容应当与要约的内容一致。受要约人对要约的内容作出实质性变更的，为新要约。有关合同标的、数量、质量、价款或者报酬、履行期限、履行地点和方式、违约责任和解决争议方法等的变更，是对要约内容的实质性变更。"

同时，承诺应当在要约确定的期限内到达要约人。要约没有确定承诺期限的，承诺应当依照下列规定到达：

①要约以对话方式作出的，应当及时作出承诺。
②要约以非对话方式作出的，承诺应当在合理期限内到达。

《民法典》第四百八十四条规定："以通知方式作出的承诺，生效的时间适用本法第一百三十七条的规定。承诺不需要通知的，根据交易习惯或者要约的要求作出承诺的行为时生效。"

第四百八十三条规定："承诺生效时合同成立，但是法律另有规定或者当事人另有约定的除外。"

（3）合同订立时不得出现的行为

注意，在合同订立的过程中，当事人需要合理合法进行，不得出现不当或是违法行为，给双方造成损失的，也要负相应责任。我国《民法典》有如下规定。

第五百条规定："当事人在订立合同过程中有下列情形之一，造成对方损失的，应当承担赔偿责任：

（一）假借订立合同，恶意进行磋商；
（二）故意隐瞒与订立合同有关的重要事实或者提供虚假情况；
（三）有其他违背诚信原则的行为。"

同时，当事人在订立合同过程中知悉的商业秘密或者其他应当保密的信息，无论合同是否成立，不得泄露或者不正当地使用；泄露、不正当地使用该商业秘密或者信息，造成对方损失的，应当承担赔偿责任。

5.1.2 合同的划分与包含要素

严格来说，合同有广义、狭义、最狭义之分。广义合同指所有法律部门中确定权利、义务关系的协议，如民法上的民事合同、行政法上的行政合同、劳动法上的劳动合同、国际法上的国际合同等。

狭义合同指一切民事合同。作为狭义概念的民事合同包括财产合同和身份合同。财产合同又包括债权合同、物权合同、准物权合同；身份合同又包括婚姻、收养、监护等有关身份关系的协议。最狭义合同则仅指民事合同中的债权合同。

不过实际生活中，很少有人会对合同进行广义、狭义的划分。更多时候，人们是根据适用行业和场景的不同来划分合同类别，这些分类在《民法典》中可以找到。

在《民法典》中，对典型合同有如下分类：买卖合同；供用电、水、气、热力合同；赠与合同；借款合同；保证合同；租赁合同；融资租赁合同；保理合同；承揽合同；建设工程合同；运输合同；技术合同；保管合同；仓储合同；委托合同；物业服务合同；行纪合同；中介合同；合伙合同。

对于销售人员而言，除了最常见的买卖合同之外，其他的比如运输合同、承揽合同等都有可能在销售过程中涉及，因此还是需要有一定了解。表 5-1 为典型合同的含义和内容，其中，买卖合同的内容将在本章 5.3 节中详细介绍，表中不再展示。

表 5-1 典型合同的含义和内容

合同分类	含义	一般内容
供用电、水、气、热力合同	供用电合同是供电人向用电人供电，用电人支付电费的合同	供电的方式、质量、时间,用电容量、地址、性质,计量方式，电价、电费的结算方式，供用电设施的维护责任等条款
赠与合同	赠与合同是赠与人将自己的财产无偿给予受赠人，受赠人表示接受赠与的合同	赠与人与受赠人的姓名、性别、出生日期和家庭住址，赠与人与受赠人的关系，赠与的理由，被赠与标的物的名称、数量和基本状况、坐落地点，赠与人对赠与行为的意思表示，赠与人在赠与合同上签名或盖章、标明日期等条款
借款合同	借款合同是借款人向贷款人借款，到期返还借款并支付利息的合同	借款种类、币种、用途、数额、利率、期限及还款方式等条款

续上表

合同分类	含义	一般内容
保证合同	保证合同是为保障债权的实现，保证人和债权人约定，当债务人不履行到期债务或者发生当事人约定的情形时，保证人履行债务或者承担责任的合同	被保证的主债权的种类、数额，债务人履行债务的期限，保证的方式、范围和期间等条款
租赁合同	租赁合同是出租人将租赁物交付承租人使用、收益，承租人支付租金的合同	租赁物的名称、数量、用途、租赁期限、租金及其支付期限和方式、租赁物维修等条款
融资租赁合同	融资租赁合同是出租人根据承租人对出卖人、租赁物的选择，向出卖人购买租赁物，提供给承租人使用，承租人再支付租金的合同	租赁物的名称、数量、规格、技术性能、检验方法，租赁期限，租金构成及其支付期限和方式、币种，租赁期限届满租赁物的归属等条款
保理合同	保理合同是应收账款债权人将现有的或者将有的应收账款转让给保理人，保理人提供资金融通、应收账款管理或者催收、应收账款债务人付款担保等服务的合同	业务类型、服务范围、服务期限、基础交易合同情况、应收账款信息、保理融资款或者服务报酬及其支付方式等条款
承揽合同	承揽合同是承揽人按照定做人的要求完成工作，交付工作成果，定做人支付报酬的合同	承揽的标的、数量、质量、报酬，承揽方式，材料的提供，履行期限，验收标准和方法等条款
建设工程合同	建设工程合同是承包人进行工程建设，发包人支付价款的合同。建设工程合同包括工程勘察、设计、施工合同	勘察、设计合同的内容一般包括提交有关基础资料和概预算等文件的期限、质量要求、费用以及其他协作条件等条款 施工合同的内容一般包括工程范围、建设工期、中间交工工程的开工和竣工时间、工程质量、工程造价、技术资料交付时间、材料和设备供应责任、拨款和结算、竣工验收、质量保修范围和质量保证期、相互协作等条款
运输合同	运输合同是承运人将旅客或者货物从起运地点运输到约定地点，旅客、托运人或者收货人支付票款或者运输费用的合同	当事人的基本信息和基本情况，货物的名称、性质、重量、数量，收货的地点、日期，货物的价款，支付的期限、方式、地点等条款

续上表

合同分类	含义	一般内容
技术合同	技术合同是当事人就技术开发、转让、许可、咨询或者服务订立的确立相互之间权利和义务的合同	项目的名称，标的的内容、范围和要求，履行的计划、地点和方式，技术信息和资料的保密，技术成果的归属和收益的分配办法，验收标准和方法，名词和术语的解释等条款
保管合同	保管合同是保管人保管寄存人交付的保管物，并返还该物的合同	合同双方当事人基本信息、保管物基本信息、保管场所、保管方法、保管期限、交付时间和地点、保管费的支付方式和时间、违约责任、争议的解决方式等条款
仓储合同	仓储合同是保管人储存存货人交付的仓储物，存货人支付仓储费的合同	货物的基本信息、货物验收的相关内容、进出库存的相关事宜、货物损耗标准和损耗处理等条款
委托合同	委托合同是委托人和受托人约定，由受托人处理委托人事务的合同	委托人和受托人的名称（或姓名）及住所，委托事项，受托的权限范围，委托事项的具体要求，双方的权利和义务，报酬支付，责任，合同纠纷解决方式等条款
物业服务合同	物业服务合同是物业服务人在物业服务区域内，为业主提供建筑物及其附属设施的维修养护、环境卫生和相关秩序的管理维护等物业服务，业主支付物业费的合同	服务事项、服务质量、服务费用的标准和收取办法、维修资金的使用、服务用房的管理和使用、服务期限、服务交接等条款
行纪合同	行纪合同是行纪人以自己的名义为委托人从事贸易活动，委托人支付报酬的合同	行纪合同的双方当事人的身份信息、行纪合同中的代委托事项、委托报酬的支付及违约责任的处理方式等重要条款
中介合同	中介合同是中介人向委托人报告订立合同的机会或者提供订立合同的媒介服务，委托人支付报酬的合同	当事人姓名或者名称、住所，委托事项，委托期限，收费金额和支付方式、时间，双方权利义务，违约责任和纠纷解决方式等条款
合伙合同	合伙合同是两个以上合伙人为了共同的事业目的，订立的共享利益、共担风险的协议	合伙企业名称（或字号）和所在地及地址，合伙人姓名及其家庭地址，合伙企业的经营及设定的存续期限，合伙企业的设立日期，合伙人的权利和义务，合伙人的投资形式及其计价方法，合伙的退伙和入伙的规定，损益分配的原则和比率，付给合伙人贷款的利息，付给合伙人的工资，每个合伙人可以抽回的资本，合伙人死亡的处理以及继承人权益的确定，合伙企业结账日和利润分配日，合伙企业终止及合伙财产的分配方法，其他需经全体合伙人同意的事项等条款

5.1.3 合同的生效和履行

合同生效的时间已经在前面有关合同订立的内容中介绍过了。在合同生效并具有法律效力后,当事人还要履行其中的条款,这样才能保证双方的权益,因此,销售人员在双方交易过程中需要高度关注合同的生效和履行。

(1) 合同的生效

依法成立的合同,都是从成立时生效的,但是法律另有规定或者当事人另有约定的除外。我国《民法典》第五百零二条规定:"……依照法律、行政法规的规定,合同应当办理批准等手续的,依照其规定。未办理批准等手续影响合同生效的,不影响合同中履行报批等义务条款以及相关条款的效力。应当办理申请批准等手续的当事人未履行义务的,对方可以请求其承担违反该义务的责任……"

若当事人订立的合同超过自身权限或经营范围的,依据《民法典》第五百零四条和第五百零五条,有图 5-1 中的规定。

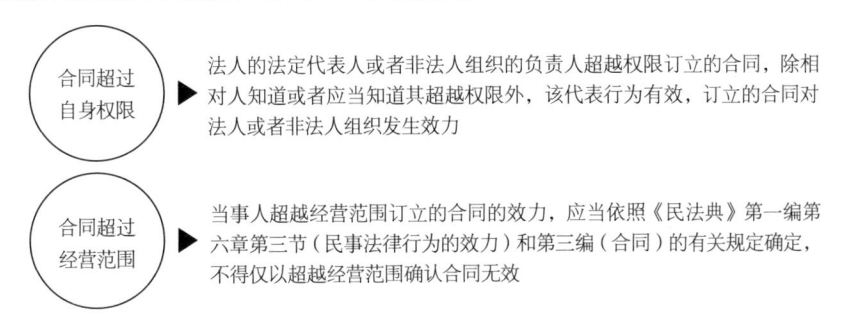

合同超过自身权限	▶	法人的法定代表人或者非法人组织的负责人超越权限订立的合同,除相对人知道或者应当知道其超越权限外,该代表行为有效,订立的合同对法人或者非法人组织发生效力
合同超过经营范围	▶	当事人超越经营范围订立的合同的效力,应当依照《民法典》第一编第六章第三节(民事法律行为的效力)和第三编(合同)的有关规定确定,不得仅以超越经营范围确认合同无效

图 5-1 《民法典》第五百零四条和第五百零五条规定

除此之外,《民法典》第五百零六条还有关于免责条款无效的规定:"合同的下列免责条款无效:(一)造成对方人身损害的;(二)因故意或者重大过失造成对方财产损失的。"

第五百零七条规定:"合同不生效、无效、被撤销或者终止的,不影响合同中有关解决争议方法的条款的效力。"

(2) 合同的履行

根据《民法典》第五百零九条规定:"当事人应当按照约定全面履行自己的义务。当事人应当遵循诚信原则,根据合同的性质、目的和交易习惯履行通知、协助、保密等义务。当事人在履行合同过程中,应当避免浪费资源、污染环境和破坏生态。"

第五百一十条规定："合同生效后，当事人就质量、价款或者报酬、履行地点等内容没有约定或者约定不明确的，可以协议补充；不能达成补充协议的，按照合同相关条款或者交易习惯确定。"

若当事人就有关合同内容约定不明确，依据以上规定仍不能确定的，适用《民法典》第五百一十一条的相关规定，如图5-2所示。

1. 质量要求不明确的，按照强制性国家标准履行；没有强制性国家标准的，按照推荐性国家标准履行；没有推荐性国家标准的，按照行业标准履行；没有国家标准、行业标准的，按照通常标准或者符合合同目的的特定标准履行

2. 价款或者报酬不明确的，按照订立合同时履行地的市场价格履行；依法应当执行政府定价或者政府指导价的，依照规定履行

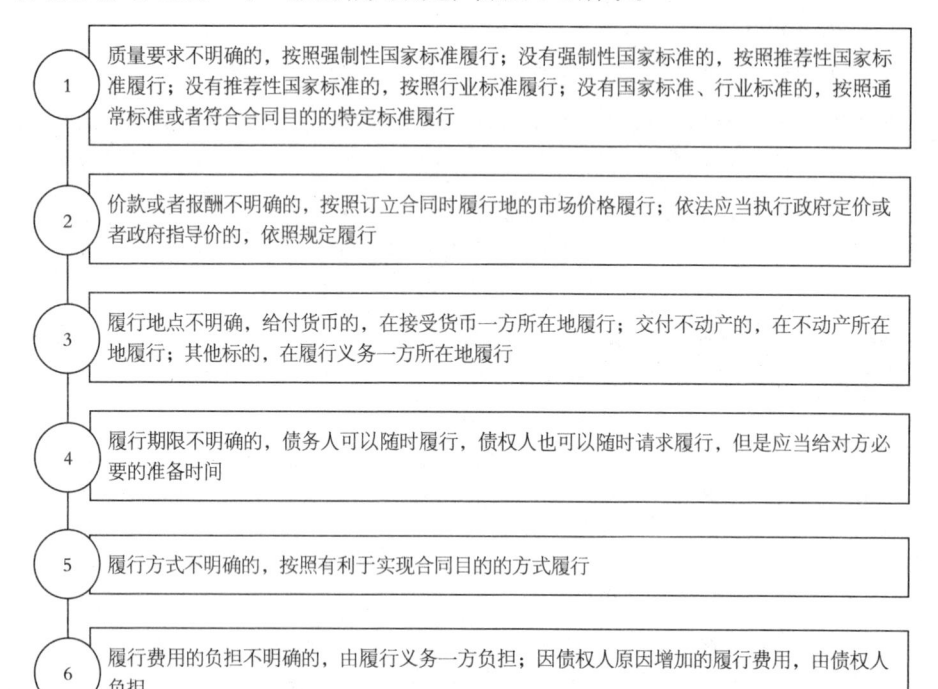

3. 履行地点不明确，给付货币的，在接受货币一方所在地履行；交付不动产的，在不动产所在地履行；其他标的，在履行义务一方所在地履行

4. 履行期限不明确的，债务人可以随时履行，债权人也可以随时请求履行，但是应当给对方必要的准备时间

5. 履行方式不明确的，按照有利于实现合同目的的方式履行

6. 履行费用的负担不明确的，由履行义务一方负担；因债权人原因增加的履行费用，由债权人负担

图 5-2　《民法典》中有关合同内容约定不明确的规定

在实际的销售过程中，可能许多销售人员都会在合同履行的环节上遇到问题，而合同内容约定不明确就是不可否认的一个重要原因，它也是导致买卖双方产生法律纠纷的导火索之一，比如下面这个案例。

实例分析 合同内容约定不明确导致法律纠纷

××年7月，客户张某打算从某化妆品公司订购一批产品。当时，市场中该产品的均价为每份300.00元，于是张某与该化妆品公司签订了一份产品买卖合同，合同约定该化妆品公司于××年11月向张某提供产品200份，经验收合格后即付款。除此之外，合同中还约定，产品的价格按市场价计算。

后来由于种种原因，市场上该产品价格不断下滑，至双方交货期时已降至每

份 200.00 元。××年 11 月，该化妆品公司按约定时间将产品运至张某家中，经验收合格。

但张某表示，双方在合同中约定按市场价计算，现在该产品市场价出现了较大降幅，故要求按每份 200.00 元计算。而该化妆品公司坚持按照双方签订的合同，也就是××年 7 月时 300.00 元的市场价来确定本次交易价格。双方在价格问题上发生争论，不能达成一致意见，诉至法院。

可以看到，案例中双方的争议焦点是当事人在合同中约定按市场价计算，那么以何时的市场价来计算？显然，双方未在合同中对何时的市场价做明确规定，这属于合同约定不明确的情形。

按照相关规定，双方其实是可以按照补充协议来确定交易价格的。但在没有补充协议的情况下，价款或者报酬不明确的，按照订立合同时履行地的市场价格履行。那么，本案中的市场价可以按此规定来确定，即为订立合同时履行地的价格，即 300.00 元。

由此可见合同约定不明确可能会导致的损失和风险，销售人员在订立合同时一定要慎之又慎，防止任何漏洞的产生。

当标的物有多项，或者债权人、债务人有多人时，有如下规定。

◆ 标的物有多项

标的有多项而债务人只需履行其中一项的，债务人享有选择权；但是，法律另有规定、当事人另有约定或者另有交易习惯的除外。享有选择权的当事人在约定期限内或者履行期限届满未做选择，经催告后在合理期限内仍未选择的，选择权转移至对方。

当事人行使选择权应当及时通知对方，通知到达对方时，标的确定。标的确定后不得变更，但是经对方同意的除外。可选择的标的发生不能履行情形的，享有选择权的当事人不得选择不能履行的标的，但是该不能履行的情形是由对方造成的除外。

◆ 债权人、债务人有多人

债权人为二人以上，标的可分，按照份额各自享有债权的，为按份债权；债务人为二人以上，标的可分，按照份额各自负担债务的，为按份债务。按份债权人或者按份债务人的份额难以确定的，视为份额相同。

债权人为二人以上，部分或者全部债权人均可以请求债务人履行债务的，为连带债权；债务人为二人以上，债权人可以请求部分或者全部债务人履行全部债务的，为连带债务，由法律规定或者当事人约定。

部分连带债务人的债务被债权人免除的，在该连带债务人应当承担的份额范围内，其他债务人对债权人的债务消灭。部分连带债务人的债务与债权人的债权同归于一人的，在扣除该债务人应当承担的份额后，债权人对其他债务人的债权继续存在。

若当事人约定由债务人向第三人履行债务，或者约定由第三人向债权人履行债务的，以及其他与第三人有关的情况，有如下规定：

当事人约定由债务人向第三人履行债务。债务人未向第三人履行债务或者履行债务不符合约定的，应当向债权人承担违约责任。法律规定或者当事人约定第三人可以直接请求债务人向其履行债务，第三人未在合理期限内明确拒绝，债务人未向第三人履行债务或者履行债务不符合约定的，第三人可以请求债务人承担违约责任；债务人对债权人的抗辩，可以向第三人主张。

当事人约定由第三人向债权人履行债务。第三人不履行债务或者履行债务不符合约定的，债务人应当向债权人承担违约责任。

还有一种与第三人有关的情况。债务人不履行债务，第三人对履行该债务具有合法利益的，第三人有权向债权人代为履行；但是，根据债务性质、按照当事人约定或者依照法律规定只能由债务人履行的除外。债权人接受第三人履行后，其对债务人的债权转让给第三人，但是债务人和第三人另有约定的除外。

在合同的履行过程中，还有以下规定需要当事人双方注意：

①债权人可以拒绝债务人提前履行债务，但是提前履行不损害债权人利益的除外。债务人提前履行债务给债权人增加的费用，由债务人负担。

②债权人可以拒绝债务人部分履行债务，但是部分履行不损害债权人利益的除外。债务人部分履行债务给债权人增加的费用，由债务人负担。

③合同生效后，当事人不得因姓名、名称的变更或者法定代表人、负责人、承办人的变动而不履行合同义务。

④合同成立后，合同的基础条件发生了当事人在订立合同时无法预见的、不属于商业风险的重大变化，继续履行合同对于当事人一方明显不公平的，受不利影响的当事人可以与对方重新协商；在合理期限内协商不成的，当事人可以请求人民法院或者仲裁机构变更或者解除合同。人民法院或者仲裁机构应当结合案件的实际情况，根据公平原则变更或者解除合同。

5.1.4 债务人违约时债权人的权利

债务人违约时债权人的权利，主要体现在对合同的保全上。而合同保全制度是指法律为防止因债务人财产的不当减少致使债权人债权的实现受到危害，而设置的保全债务人责任财产的法律制度。具体包括债权人代位权制度和债权人撤销权制度，下面来逐一进行解释。

（1）债权人代位权制度

债权人的代位权着眼于债务人的消极行为，《民法典》具体规定如下：

第五百三十五条规定："因债务人怠于行使其债权或者与该债权有关的从权利，影响债权人的到期债权实现的，债权人可以向人民法院请求以自己的名义代位行使债务人对相对人的权利，但是该权利专属于债务人自身的除外。……"

第五百三十六条规定："债权人的债权到期前，债务人的债权或者与该债权有关的从权利存在诉讼时效期间即将届满或者未及时申报破产债权等情形，影响债权人的债权实现的，债权人可以代位向债务人的相对人请求其向债务人履行、向破产管理人申报或者作出其他必要的行为。"

第五百三十七条规定："人民法院认定代位权成立的，由债务人的相对人向债权人履行义务，债权人接受履行后，债权人与债务人、债务人与相对人之间相应的权利义务终止。债务人对相对人的债权或者与该债权有关的从权利被采取保全、执行措施，或者债务人破产的，依照相关法律的规定处理。"

（2）债权人撤销权制度

债权人的撤销权则着眼于债务人的积极行为，《民法典》相关规定如下：

第五百三十八条规定："债务人以放弃其债权、放弃债权担保、无偿转让财产等方式无偿处分财产权益，或者恶意延长其到期债权的履行期限，影响债权人的债权实现的，债权人可以请求人民法院撤销债务人的行为。"

第五百三十九条规定："债务人以明显不合理的低价转让财产、以明显不合理的高价受让他人财产或者为他人的债务提供担保，影响债权人的债权实现，债务人的相对人知道或者应当知道该情形的，债权人可以请求人民法院撤销债务人的行为。"

第五百四十一条规定："撤销权自债权人知道或者应当知道撤销事由之日起一年内行使。自债务人的行为发生之日起五年内没有行使撤销权的，该撤销权消灭。"

第五百四十二条规定："债务人影响债权人的债权实现的行为被撤销的，自始没有法律约束力。"

5.1.5 合同的变更与转让

合同的变更与转让是合同法律制度中的两个重要方面。因为合同的变更有广义和狭义之分，广义合同变更包括合同主体与合同内容的变更，狭义合同变更仅指合同内容的变更。

在我国《民法典》中，合同的变更仅指合同内容的变更。而广义中合同主体的变更，实际上是合同权利义务的转让。

关于狭义合同的变更，《民法典》第五百四十三条和第五百四十四条规定很简略："当事人协商一致，可以变更合同。当事人对合同变更的内容约定不明确的，推定为未变更。"

而合同主体的变更，也就是合同的转让，其内容更为复杂，因此有关这方面的规定也划分得更为详细，主要包括债权人转让债权以及债务人转让债务两方面。

（1）债权人转让债权

《民法典》第五百四十五条规定："债权人可以将债权的全部或者部分转让给第三人，但是有下列情形之一的除外：

（一）根据债权性质不得转让；

（二）按照当事人约定不得转让；

（三）依照法律规定不得转让。

当事人约定非金钱债权不得转让的，不得对抗善意第三人。当事人约定金钱债权不得转让的，不得对抗第三人。"

债权人转让债权时要及时通知，如果债权人转让债权，未通知债务人的，该转让对债务人不发生效力。债权转让的通知不得撤销，但是经受让人同意的除外。

债权转让后，从权利也会转让。债权人转让债权的，受让人取得与债权有关的从权利，但是该从权利专属于债权人自身的除外。受让人取得从权利不应因从权利未办理转移登记手续或者未转移占有而受到影响。同时，因债权转让增加的履行费用，由让与人负担。

（2）债务人转让债务

债务人转让债务时，将债务的全部或者部分转移给第三人的，应当经债权人同意。债务人或者第三人可以催告债权人在合理期限内予以同意，债权人未做表示的，视为不同意。

第三人与债务人约定加入债务并通知债权人，或者第三人向债权人表示愿意加入债务，债权人未在合理期限内明确拒绝的，债权人可以请求第三人在其愿意承担的债务范围内和债务人承担连带债务。

债务人转移债务的，新债务人可以主张原债务人对债权人的抗辩；原债务人对债权人享有债权的，新债务人不得向债权人主张抵销。

债务人转移债务的，新债务人应当承担与主债务有关的从债务，但是该从债务专属于原债务人自身的除外。

5.2 合同正常终止和违约的情况

合同的终止主要有两种情况，那就是合同约定到期或是债务已履行等情况，使得合同正常终止；另外一种情况就是当事人一方或双方违约，导致合同不得不终止的情况。针对这两种情况，相关法律中有不同的规定，销售人员都需要有所了解，以备不时之需。

5.2.1 合同的权利义务正常终止

合同的正常终止，通常有债权债务终止和当事人约定解除这两种情况，二者的性质是不同的，销售人员要注意甄别。下面就针对这两种情况进行进一步的解析。

（1）债权债务终止

债权债务终止是指民事主体之间债权债务关系因一定的法律事实而不再存在的情况。依据《民法典》第五百五十七条规定："有下列情形之一的，债权债务终止：

（一）债务已经履行；

（二）债务相互抵销；

（三）债务人依法将标的物提存；

（四）债权人免除债务；

（五）债权债务同归于一人；

（六）法律规定或者当事人约定终止的其他情形。

合同解除的，该合同的权利义务关系终止。"

债权债务终止后，当事人应当遵循诚信等原则，根据交易习惯履行通知、协助、保密、旧物回收等义务。

债务人在向债权人履行债务时，若债务人对同一债权人负担的数项债务种类相同，债务人的给付不足以清偿全部债务的，除当事人另有约定外，由债务人在清偿时指定履行的债务。

债务人未做指定的，应当优先履行已经到期的债务；数项债务均到期的，优先履行对债权人缺乏担保或者担保最少的债务；均无担保或者担保相等的，优先履行债务人负担较重的债务；负担相同的，按照债务到期的先后顺序履行；到期时间相同的，按照债务比例履行。

（2）当事人约定解除

合同正常终止的另一种情况，就是当事人协商一致，可以解除合同。当事人可以约定一方解除合同的事由。解除合同的事由发生时，解除权人可以解除合同。

依据《民法典》第五百六十三条规定："有下列情形之一的，当事人可以解除合同：

（一）因不可抗力致使不能实现合同目的；

（二）在履行期限届满前，当事人一方明确表示或者以自己的行为表明不履行主要债务；

（三）当事人一方迟延履行主要债务，经催告后在合理期限内仍未履行；

（四）当事人一方迟延履行债务或者有其他违约行为致使不能实现合同目的；

（五）法律规定的其他情形。

以持续履行的债务为内容的不定期合同，当事人可以随时解除合同，但是应当在合理期限之前通知对方。"

不过，合同的解除权也是有时限的，法律规定或者当事人约定解除权行使期限，期限届满当事人不行使的，该权利消灭。

法律没有规定或者当事人没有约定解除权行使期限，自解除权人知道或者应当知道解除事由之日起一年内不行使，或者经对方催告后在合理期限内不行使的，该权利消灭。

当事人一方依法主张解除合同的，是否通知对方，会对合同的解除方向产生影响，《民法典》第五百六十五条有如下规定，如图5-3所示。

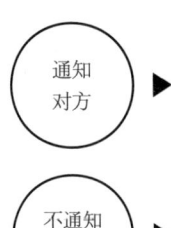

通知对方	当事人一方依法主张解除合同的，应当通知对方。合同自通知到达对方时解除；通知载明债务人在一定期限内不履行债务则合同自动解除，债务人在该期限内未履行债务的，合同自通知载明的期限届满时解除。对方对解除合同有异议的，任何一方当事人均可以请求人民法院或者仲裁机构确认解除行为的效力
不通知对方	当事人一方未通知对方，直接以提起诉讼或者申请仲裁的方式依法主张解除合同，人民法院或者仲裁机构确认该主张的，合同自起诉状副本或者仲裁申请书副本送达对方时解除

图5-3 《民法典》第五百六十五条的规定

合同解除后，尚未履行的，中止履行；已经履行的，根据履行情况和合同性质，当事人可以请求恢复原状或者采取其他补救措施，并有权请求赔偿损失。

合同因违约解除的，解除权人可以请求违约方承担违约责任，但是当事人另有约定的除外。

一般来说，债权债务终止是双方交易过程中更为常见的合同终止的情形，这代表着双方的交易完成，利益得到了实现。

而当事人约定解除就有很多种原因了，比如客户希望暂缓购买产品，或者公司方面无法在规定时间内交货，经协商后终止合同等。销售人员需要对这种相对消极的合同终止方式有所准备，并且了解对方或己方是否拥有解除合同的权利，保护己方的合法权益。

实例分析 当事人是否有约定解除合同的权利

××年5月20日，张某（乙方）与某房地产公司（甲方）签订商品房买卖合同，合同约定："乙方向甲方购买商品房，房屋价款145.00万元，在××年5月22日前支付首付款29.00万元，余款116.00万元按揭贷款，乙方需在××年5月22日前（最长不超过缴纳首期款后5日内）办理完毕按揭贷款申请手续，若银行批准的按揭贷款低于乙方的申请金额，差额部分乙方应在银行最终审批之日起十日内付清；乙方必须在商品房买卖合同约定日期内办理完毕按揭手续，逾期20天以上视为乙方单方解除合同，乙方向甲方支付总房款的10%作为违约金。"

当日，张某缴纳首付款29.00万元。随后，张某到银行申请按揭贷款，被告知仅能办理七成按揭款（1 016 960.00元）。

××年8月10日，张某向某房地产公司邮寄解除合同通知函，以银行只能办理七成贷款属于不可抗力为由，要求解除合同、退还已付房款。某房地产公司于××年8月11日签收该邮件，但始终未回复邮件，也未表明是否同意解除合同，更未退还已付房款。

××年11月10日，张某诉请解除商品房买卖合同，某房地产公司退还房款29.00万元；如果法院认为张某违约，则请求某房地产公司在扣除违约金后将剩余部分房款退还。

本案中，张某未能在合同约定期限内办理按揭贷款或补足差额房款，而其作为违约方，是否有权解除合同，又如何确定解除时间呢？

首先，根据规定，违约方可基于约定享有合同解除权。本案中，张某和某房地产公司在合同中约定"逾期20日以上未办理按揭贷款的，视为乙方单方解除合同"。该约定赋予了购房者张某逾期办理按揭贷款违约时的约定解除权，其可解除商品房买卖合同，并承担相应违约责任。

其次，解除权行使应通知相对方才能发生解除合同效力。本案中，张某于××年8月10日向某房地产公司邮寄了解除合同通知函，履行了通知义务。因此，张某应当享有合同解除权，房地产公司应当按要求解除合同，并在扣除违约金后将剩余部分房款退还。

最后，关于解除时间，应以解除意思表示到达相对方时确定。因此，张某于××年8月10日向某房地产公司发出解除合同的通知，某房地产公司在××年8月11日签收通知邮件后，双方合同关系即予以解除。若房地产公司迟迟不在扣除违约金后将剩余部分房款退还，需要承担相应的法律责任。

5.2.2 当事人违约需承担的责任

违约是指合同当事人完全没有履行合同，或者履行合同义务不符合约定的行为。一般说来，违约行为从属于违法行为。当事人一方不履行合同义务或者履行合同义务不符合约定的，应当承担继续履行、采取补救措施或者赔偿损失等违约责任。

但在履行义务或者采取补救措施后，对方还有其他损失的，应当赔偿损失。损失赔偿额应当相当于因违约所造成的损失，包括合同履行后可以获得的利益。但是，不得超过违约一方订立合同时预见到或者应当预见到的因违约可能造成的损失。

若当事人一方明确表示或者以自己的行为表明不履行合同义务的，对方可以在履行期限届满前请求其承担违约责任。其中根据债务的分类（金钱债务与非金钱债务），存在不同的情形。《民法典》有如下规定。

第五百七十九条规定："当事人一方未支付价款、报酬、租金、利息，或者不履行其他金钱债务的，对方可以请求其支付。"

第五百八十条规定："当事人一方不履行非金钱债务或者履行非金钱债务不符合约定的，对方可以请求履行，但是有下列情形之一的除外：

（一）法律上或者事实上不能履行；

（二）债务的标的不适于强制履行或者履行费用过高；

（三）债权人在合理期限内未请求履行。

有前款规定的除外情形之一，致使不能实现合同目的的，人民法院或者仲裁机构可以根据当事人的请求终止合同权利义务关系，但是不影响违约责任的承担。"

第五百八十一条规定："当事人一方不履行债务或者履行债务不符合约定，根据债务的性质不得强制履行的,对方可以请求其负担由第三人替代履行的费用。"

> **拓展贴士** 关于违约责任的约定和受损害方的权利
>
> 　　当事人一方履行不符合约定的,应当按照当事人的约定承担违约责任。对违约责任没有约定或者约定不明确,依据《民法典》第五百一十条的规定仍不能确定的,受损害方根据标的的性质以及损失的大小,可以合理选择请求对方承担修理、重作、更换、退货、减少价款或者报酬等违约责任。
>
> 　　当事人一方违约后,对方应当采取适当措施防止损失的扩大;没有采取适当措施致使损失扩大的,不得就扩大的损失请求赔偿。当事人因防止损失扩大而支出的合理费用,由违约方负担。
>
> 　　《民法典》第五百一十条规定:"合同生效后,当事人就质量、价款或者报酬、履行地点等内容没有约定或者约定不明确的,可以协议补充;不能达成补充协议的,按照合同相关条款或者交易习惯确定。"

　　但无论违约责任如何划分,当事人违约后如何惩罚,违约这种行为终究还是会为双方或者某一方带来损失。

　　这个损失不仅是标的物的损失,还有时间价值的损失等。因此,为尽量避免这种行为的出现,当事人可以提前就违约责任进行约定,比如支付违约金、定金等,具体如图5-4所示。

支付定金
约定违约金

约定违约金:当事人可以约定一方违约时,应当根据违约情况向对方支付一定数额的违约金,也可以约定因违约产生的损失赔偿额的计算方法。约定的违约金低于造成的损失的,人民法院或者仲裁机构可以根据当事人的请求予以增加;约定的违约金过分高于造成的损失的,人民法院或者仲裁机构可以根据当事人的请求予以适当减少。当事人就迟延履行约定违约金的,违约方支付违约金后,还应当履行债务

支付定金:当事人可以约定一方向对方给付定金作为债权的担保。定金合同自实际交付定金时成立。定金的数额由当事人约定;但是,不得超过主合同标的额的20%,超过部分不产生定金的效力。实际交付的定金数额多于或者少于约定数额的,视为变更约定的定金数额。债务人履行债务的,定金应当抵作价款或者收回。给付定金的一方不履行债务或者履行债务不符合约定,致使不能实现合同目的的,无权请求返还定金;收受定金的一方不履行债务或者履行债务不符合约定,致使不能实现合同目的的,应双倍返还定金

图5-4　提前对违约后的责任进行约定

　　如果当事人既约定违约金,又约定定金的,一方违约时,对方可以选择适用违约金或者定金条款。定金不足以弥补一方违约造成的损失的,对方可以请

求赔偿超过定金数额的损失。

当事人违约还有一种情况，那就是非主观因素违约，简单来说，就是因不可抗力造成的违约，这种情况会在法律上给予一定的宽容。

当事人一方因不可抗力不能履行合同的，根据不可抗力的影响，部分或者全部免除责任，但是法律另有规定的除外。因不可抗力不能履行合同的，应当及时通知对方，以减轻可能给对方造成的损失，并应当在合理期限内提供证明。当事人迟延履行后发生不可抗力的，不免除其违约责任。

除当事人一方以主观因素、客观因素违约的情况以外，还存在当事人双方都违约，以及当事人一方因第三人违约的情况，具体如图5-5所示。

当事人双方违约
当事人都违反合同的，应当各自承担相应的责任。当事人一方违约造成对方损失，对方对损失的发生有过错的，可以减少相应的损失赔偿额

当事人一方因第三人违约
当事人一方因第三人的原因造成违约的，应当依法向对方承担违约责任。当事人一方和第三人之间的纠纷，依照法律规定或者按照约定处理

图 5-5　违约的其他情况

5.3　对买卖合同的深入解析

买卖合同是出卖人转移标的物的所有权于买受人，买受人支付价款的合同。内容一般包括标的物的名称、数量、质量、价款、履行期限、履行地点和方式、包装方式、检验标准和方法、结算方式、合同使用的文字及其效力等条款。

对于销售人员来说，买卖合同应该是在销售业务开展过程中最常接触到的一类合同了。因此，销售人员需要重点关注并学习买卖合同的内容。

5.3.1　买卖合同中的责任划分

买卖合同的当事人中，出卖财产的一方称为出卖人或卖方，接受财产并支付价款的一方称为买受人或买方。法律中并未对买卖合同的当事人的主体资格作特殊要求。因而，平等主体的自然人、法人或其他组织，均可作为买卖合同的任何一方当事人。

当然，以某些特殊物为标的物的买卖，法律亦对主体进行了一定限制，比

如普通自然人、法人或其他组织就不能随意买卖军需品。另外，法人或其他组织还要受其经营范围的限制。

买卖合同双方具有基本的权利和义务。其中，卖方最基本的权利是请求买方支付价金，并取得价金的所有权；买方的基本权利是请求卖方交付货物，并取得货物的所有权。买方的权利对应于卖方的义务，反之亦然。

同时，买卖合同的当事人除履行买卖合同的总义务即给付义务外，尚需承担法律规定或双方约定的附随义务。

除此之外，买卖双方在订立买卖合同时，需要对彼此的责任提前进行划分和确认，以便在未来发生可能的纠纷时有确切的参考。根据主体的不同，买卖合同当事人责任的划分主要分为出卖人的责任和买受人的责任，其中又以出卖人的责任最多、规定最详细。

（1）出卖人的责任

出卖人的责任包含众多，但总括起来主要包括交付标的物、转移标的物所有权、权利瑕疵担保以及物的瑕疵担保四大类。

◆ **交付标的物**

出卖人应当按照约定的时间交付标的物。约定交付期限的，出卖人可以在该交付期限内的任何时间交付。这是出卖人应该履行的、最基本的义务，也是双方签订买卖合同最重要的目的。

在交付标的物的同时，出卖人应当履行向买受人交付标的物或者交付提取标的物的单证，并转移标的物所有权的义务。同时，出卖人还应当按照约定或者交易习惯，向买受人交付提取标的物单证以外的有关单证以及资料。

当事人没有约定标的物的交付期限或者约定不明确的，适用《民法典》第五百一十条、第五百一十一条第四项的规定。

除了约定交付时间以外，出卖人还应当按照约定的地点交付标的物。当事人没有约定交付地点或者约定不明确，依据《民法典》第五百一十条的规定仍不能确定的，适用《民法典》第六百零三条的规定，如图5-6所示。

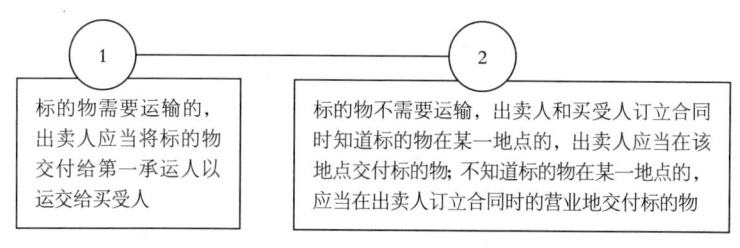

1	2
标的物需要运输的，出卖人应当将标的物交付给第一承运人以运交给买受人	标的物不需要运输，出卖人和买受人订立合同时知道标的物在某一地点的，出卖人应当在该地点交付标的物；不知道标的物在某一地点的，应当在出卖人订立合同时的营业地交付标的物

图 5-6　交付地点不明确的情况

在交付标的物的过程中，存在标的物毁损、灭失的风险，这种风险在不同情况下应当由出卖人或买受人一方承担。下面就先来看看在何种情况下，出卖人应当承担标的物毁损、灭失的风险，如图5-7所示。

1. 标的物毁损、灭失的风险，在标的物交付之前由出卖人承担，但是法律另有规定或者当事人另有约定的除外

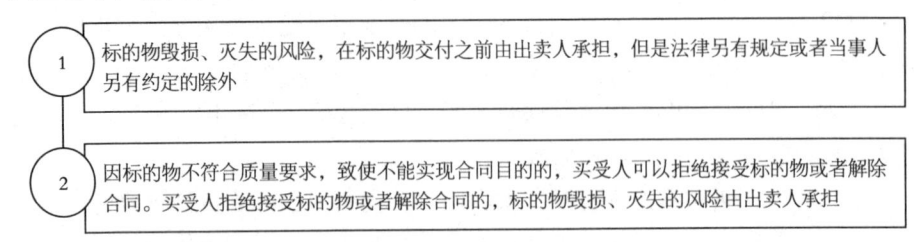

2. 因标的物不符合质量要求，致使不能实现合同目的的，买受人可以拒绝接受标的物或者解除合同。买受人拒绝接受标的物或者解除合同的，标的物毁损、灭失的风险由出卖人承担

图5-7　出卖人承担标的物毁损、灭失风险的情况

注意，出卖人按照约定未交付有关标的物的单证和资料的，不影响标的物毁损、灭失风险的转移。标的物毁损、灭失的风险由买受人承担的，不影响因出卖人履行义务不符合约定，买受人请求其承担违约责任的权利。

◆ 转移标的物所有权

买卖合同以转移标的物所有权为目的，因此，出卖人负有转移标的物所有权归买受人的义务。为保证出卖人能够转移标的物的所有权归买受人，出卖人出卖的标的物应当属于出卖人所有或者出卖人有权处分。《民法典》第五百九十七条规定："因出卖人未取得处分权致使标的物所有权不能转移的，买受人可以解除合同并请求出卖人承担违约责任。法律、行政法规禁止或者限制转让的标的物，依照其规定。"

注意，出卖具有知识产权的标的物的，除法律另有规定或者当事人另有约定外，该标的物的知识产权不属于买受人。

◆ 权利瑕疵担保

权利瑕疵担保义务是指出卖人就其所移转的标的物，担保不受他人（第三人）追夺以及不存在未告知权利负担的义务，具体规定如图5-8所示。

1. 出卖人就交付的标的物，负有保证第三人对该标的物不享有任何权利的义务，但是法律另有规定的除外

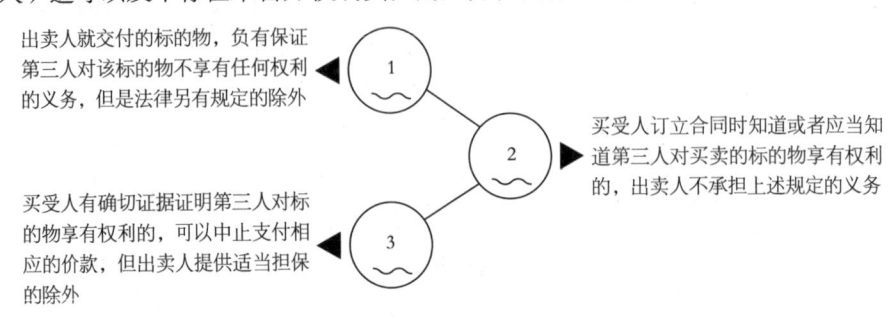

2. 买受人订立合同时知道或者应当知道第三人对买卖的标的物享有权利的，出卖人不承担上述规定的义务

3. 买受人有确切证据证明第三人对标的物享有权利的，可以中止支付相应的价款，但出卖人提供适当担保的除外

图5-8　权利瑕疵担保的有关规定

◆ 物的瑕疵担保

物的瑕疵担保义务是指出卖人就其所交付的标的物，具备约定或法定品质所负的担保义务。也就是说，出卖人需保证标的物交付，或是标的物所有权转移于买受人之后，不存在品质或使用价值降低、效用减弱的瑕疵。以下是关于出卖人物的瑕疵担保义务的相关规定：

①出卖人应当按照约定的质量要求交付标的物。出卖人提供有关标的物质量说明的，交付的标的物应当符合该说明的质量要求。

②当事人对标的物的质量要求没有约定或者约定不明确，依据《民法典》第五百一十条的规定仍不能确定的，适用《民法典》第五百一十一条第一项的规定。

③出卖人交付的标的物不符合质量要求的，买受人可以依据《民法典》的相关规定请求承担违约责任。

④当事人约定减轻或者免除出卖人对标的物瑕疵承担的责任，因出卖人故意或者重大过失不告知买受人标的物瑕疵的，出卖人无权主张减轻或者免除责任。

相关法律之所以对出卖人的责任规定详细且严格，在很大程度上是因为出卖人所承担的风险相对于买受人来说更低，因此也更容易在责任划分不清晰的情况下逃避责任。

因此，作为出卖方，销售人员需要特别注意己方是否履行了义务，承担了责任，这是双方能否达成可持续合作的关键。

实例分析 出卖方的权利瑕疵担保责任存在问题

××年6月12日，某商场与某经贸公司签订价值450.00万元的空调器买卖合同。

合同约定商场从经贸公司购买空调器1 000台，总价款450.00万元，合同签订后三日内商场应当向经贸公司支付首期货款150.00万元；经贸公司应于××年6月18日前将1 000台空调器送至商场；货到后五日内，商场付清全部货款。

合同签订后，商场于××年6月13日支付了150.00万元首期货款。××年6月14日，经贸公司将约定的1 000台空调器送至商场，商场于次日支付了余下的300.00万元货款。

××年8月20日，某商业银行向商场发出通知，以商场所取得的空调器已经由经贸公司于××年4月向商业银行设定抵押为由要求商场停止销售，同时向商场出具了经过公证的抵押合同等资料。

商场经过协调后不能解决问题，遂将经贸公司诉至人民法院要求经贸公司返还货款，赔偿损失。

可以看出，本案涉及的是买卖合同中出卖人的权利瑕疵担保责任问题。首先，出卖人就交付的标的物负有保证第三人对该标的物不享有任何权利的义务，这一点是经贸公司明显没有做到的。

其次，经贸公司在合同签订之前就将空调向商业银行设定了抵押，同时商场在订立合同时也不知道商业银行对买卖的标的物即空调享有权利。因此，经贸公司应当承担权利瑕疵担保责任。

最后，当第三人向买受人主张权利时，买受人可以请求出卖人承担责任。也就是说，当商业银行要求商场停止销售空调时，商场就可以要求经贸公司承担权利瑕疵担保责任，也就是要求其返还货款，赔偿损失的诉求也是合理的。

（2）买受人的责任

经过前面对出卖人责任和义务的学习后，相信销售人员对买受人的责任和义务也有一定的概念了。相较于出卖人而言，买受人所承担的义务比较简单，主要有支付价款、受领标的物以及对标的物检查通知的义务。

◆ 支付价款

价款是买受人获取标的物所有权支付的对价，依合同的约定向出卖人支付价款，是买受人的主要义务。

买受人须按合同约定的数额、时间、地点支付价款，并不得违反法律以及公共秩序和善良风俗。合同无约定或约定不明的，应依法律规定、参照交易惯例确定。

这部分内容比较繁杂，下一节中将会对买受方价款支付的规定作详细解释，这里不再赘述。

◆ 受领标的物

对于出卖人交付标的物及其有关权利和凭证，买受人有及时受领的义务。

若出卖人已经完成交付标的物，或将标的物交由承运人等履行自身义务的行为后，买受人未能及时受领，造成标的物毁损、灭失的风险，将由买受人自身承担，具体如图5-9所示。

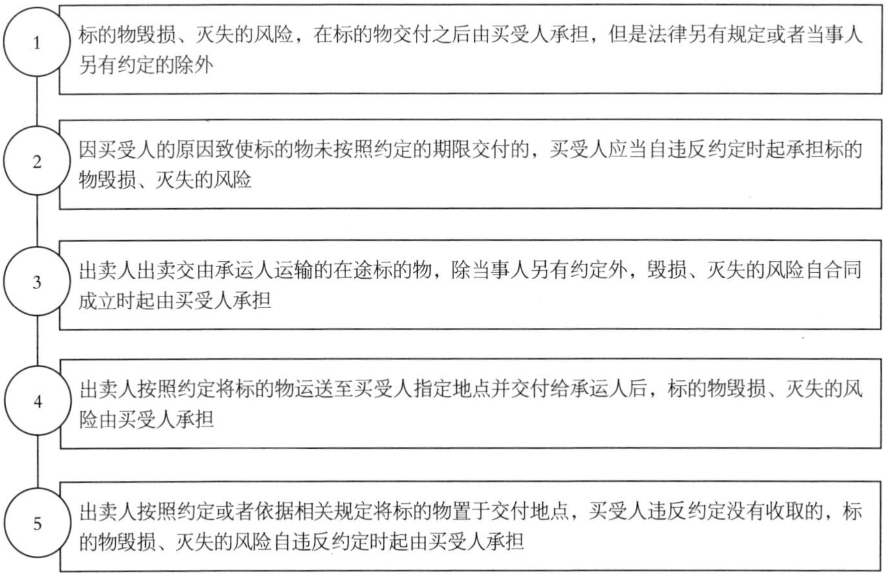

1. 标的物毁损、灭失的风险，在标的物交付之后由买受人承担，但是法律另有规定或者当事人另有约定的除外

2. 因买受人的原因致使标的物未按照约定的期限交付的，买受人应当自违反约定时起承担标的物毁损、灭失的风险

3. 出卖人出卖交由承运人运输的在途标的物，除当事人另有约定外，毁损、灭失的风险自合同成立时起由买受人承担

4. 出卖人按照约定将标的物运送至买受人指定地点并交付给承运人后，标的物毁损、灭失的风险由买受人承担

5. 出卖人按照约定或者依据相关规定将标的物置于交付地点，买受人违反约定没有收取的，标的物毁损、灭失的风险自违反约定时起由买受人承担

图 5-9　买受人承担标的物毁损、灭失风险的情况

◆ **对标的物检查通知的义务**

买受人受领标的物后，应当在当事人约定或法定期限内，依通常程序尽快检查标的物。若发现应由出卖人负担保责任的瑕疵时，应妥善保管标的物并将瑕疵立即通知出卖人。

5.3.2　标的物的检验和价款支付

标的物的检验和价款支付主要是买受人在进行。在出卖人完成应当履行的责任和义务后，就要由买受人来履行其责任和义务了，首当其冲的就是对标的物的检验义务。

（1）标的物的检验

根据《民法典》第六百二十条规定："买受人收到标的物时应当在约定的检验期限内检验。没有约定检验期限的，应当及时检验。"

如果当事人约定的检验期限过短，根据标的物的性质和交易习惯，买受人在检验期限内难以完成全面检验的，该期限仅视为买受人对标的物的外观瑕疵提出异议的期限。

约定的检验期限或者质量保证期短于法律、行政法规规定期限的，应当以法律、行政法规规定的期限为准。

若经检验后，标的物存在数量或者质量不符合约定的情形，买受人需要通知出卖人，根据双方是否约定检验期限，通知的情形也不尽相同，具体如图 5-10 所示。

当事人约定检验期限 ▶ 当事人约定检验期限的，买受人应当在检验期限内将标的物的数量或者质量不符合约定的情形通知出卖人。买受人怠于通知的，视为标的物的数量或者质量符合约定

当事人未约定检验期限 ▶ 当事人没有约定检验期限的，买受人应当在发现或者应当发现标的物的数量或者质量不符合约定的合理期限内通知出卖人。买受人在合理期限内未通知或者自收到标的物之日起两年内未通知出卖人的，视为标的物的数量或者质量符合约定。但是，对标的物有质量保证期的，适用质量保证期，不适用该两年的规定

图 5-10　标的物检验通知的情形

注意，出卖人知道或者应当知道提供的标的物不符合约定的，买受人不受以上两项规定的通知时间的限制。

出卖人依照买受人的指示向第三人交付标的物，出卖人和买受人约定的检验标准与买受人和第三人约定的检验标准不一致的，以出卖人和买受人约定的检验标准为准。

（2）价款支付

在完成对标的物的检验和对出卖人的通知后，买受人还应当担负起支付价款的义务，即应当按照约定的数额和支付方式支付价款。这是买受人的基本义务，也是保证交易顺利进行、当事人债权债务关系正常终止的必要条件。

买受人支付价款的时间和地点应当事先约定，若没有约定，也应当遵循相关规定处理，具体如图 5-11 所示。

支付价款的时间
买受人应当按照约定的时间支付价款。对支付时间没有约定或者约定不明确，依据相关规定仍不能确定的，买受人应当在收到标的物或者提取标的物单证的同时支付

支付价款的地点
买受人应当按照约定的地点支付价款。对支付地点没有约定或者约定不明确，依据相关规定仍不能确定的，买受人应当在出卖人的营业地支付。但是，约定支付价款以交付标的物或者交付提取标的物单证为条件的，在交付标的物或者交付提取标的物单证的所在地支付

图 5-11　支付价款的时间与地点的约定

根据《民法典》第六百二十九条规定："出卖人多交标的物的，买受人可以接收或者拒绝接收多交的部分。买受人接收多交部分的，按照约定的价格支付价款；买受人拒绝接收多交部分的，应当及时通知出卖人。"

5.3.3　分批标的物解除与合同解除

有些买卖合同中，标的物可能不止一批或是一种。当部分批次的标的物实现合同目的后，或是部分批次标的物不符合交付约定的，买受人可根据实际情况选择解除方式以及解除对象。

当然，合同整体的解除也需要一定条件、遵循一定规定，下面来逐一进行介绍。首先是分批标的物的解除，具体规定如下所示：

①标的物为数物，其中一物不符合约定的，买受人可以就该物解除。但是，该物与他物分离使标的物的价值显受损害的，买受人可以就数物解除合同。

②因标的物的主物不符合约定而解除合同的，解除合同的效力及于从物。因标的物的从物不符合约定被解除的，解除的效力不及于主物。

③出卖人分批交付标的物的，出卖人对其中一批标的物不交付或者交付不符合约定，致使该批标的物不能实现合同目的的，买受人可以就该批标的物解除。

④出卖人不交付其中一批标的物或者交付不符合约定，致使之后其他各批标的物的交付不能实现合同目的的，买受人可以就该批以及之后其他各批标的物解除。

⑤买受人如果就其中一批标的物解除，该批标的物与其他各批标的物相互依存的，可以就已经交付和未交付的各批标的物解除。

然后是合同整体的解除，《民法典》第六百三十四条规定："分期付款的买受人未支付到期价款的数额达到全部价款的五分之一，经催告后在合理期限内仍未支付到期价款的，出卖人可以请求买受人支付全部价款或者解除合同。出卖人解除合同的，可以向买受人请求支付该标的物的使用费。"

5.3.4　产品试用和试用买卖协议

在交易前试用产品，对于销售人员来说是司空见惯的情况。比如企业生产了新品，买家在没有接触过这一产品或是没有在实际生产、生活中使用过该产品时，多半不会对其产生认同或是信任感。因此，样品试用的方式应运而生。

根据《民法典》的规定，对于产品的试用有以下基本要求：

①凭样品买卖的当事人应当封存样品，并可以对样品质量予以说明。出卖人交付的标的物应当与样品及其说明的质量相同。

②凭样品买卖的买受人不知道样品有隐蔽瑕疵的，即使交付的标的物与样品相同，出卖人交付的标的物的质量仍然应当符合同种物的通常标准。

③试用买卖的当事人可以约定标的物的试用期限。对试用期限没有约定或者约定不明确，依据《民法典》第五百一十条规定仍不能确定的，由出卖人确定。

④试用买卖的买受人在试用期内可以购买标的物，也可以拒绝购买。试用期限届满，买受人对是否购买标的物未作表示的，视为购买。试用买卖的买受人在试用期内已经支付部分价款或者对标的物实施出卖、出租、设立担保物权等行为的，视为同意购买。

⑤试用买卖的当事人对标的物使用费没有约定或者约定不明确的，出卖人无权请求买受人支付。

⑥标的物在试用期内毁损、灭失的风险由出卖人承担。

除了在买卖合同中对产品的试用进行约定以外，买卖双方还可以另外签订一份试用买卖协议（也叫试用买卖合同），单独就产品试用的各项细节进行约定。

下面就通过一个具体的案例来看看试用买卖协议该如何拟订。

实例分析 **试用买卖合同范本**

机械试用买卖合同

出卖人（以下简称甲方）：_____　　注册登记号：_____

住所：_____　　法定代表人：_____

买受人（以下简称乙方）：_____　　注册登记号：_____

住所：_____　　法定代表人：_____

兹为买卖_____机械先行试用，待试用期满后，满足试用方工作需求时购买，经双方同意订立合同如下：

第一部分：设备名称、规格、型号、数量、金额
…………

第二部分：合同细则

第一条　乙方向甲方购买上述机械约定先行试验后，如满足乙方工作需求时，买卖合同即刻成立。

第二条　试用期间以_____个自然日为限（自接到机械的次日起算）。

第三条　前项试用如不合意时，乙方应将机械退回以做买卖不成立，退回所需运费由乙方负担……

第四条　在试用期间，乙方对买卖机械有自由使用之权，而因此有所损害的，乙方应负赔偿之责。但其损害系因制造欠妥，或因运输中损坏的不在此限。

第五条　试用期满，乙方_____个工作日内不表态机器是否满足其工作需求，并未将机械及时退还甲方时，视为试用合格且买卖合同即刻生效。

第六条　试用后乙方认为不合格，或试用尚未完毕须要继续试用时，可以向甲方请求更换或延长期限，但甲方不同意时可拒绝。

第七条　买卖价款议定为人民币_____元（大写），于本合同成立之时由甲方先交予乙方试用，试用期满后如乙方认为合格的，应于试用期终止日起算_____个工作日内将货款全部一次性付清，不得有拖延短欠等情况。

第八条　双方的账户信息

…………

第九条　合同争议解决方式

（一）因本合同引起或者与本合同有关的任何争议，双方应首先以协商方式解决。协商应在一方向另一方送达关于协商的书面要求后立即开始；如果十日内双方未能通过协商解除争议的，则双方同意按照以下第【___】种方式解决：……

（二）诉讼或仲裁进行过程中，除双方有争议的部分外，本合同其他部分仍然有效，各方应继续履行。

（三）每一方同意使用本合同通知与送达条款，送达与仲裁或强制执行仲裁裁决有关的传票、通知或其他文件……

（四）本合同全部或部分无效的，本条依然有效。

第十条　其他约定事项

（一）合同完整性：本合同包括所有附件，及对本合同及其任何附件的各项书面补充、修订或变更……

（二）可分割性：如果本合同的任何条款在任何司法管辖区不合法、无效或无法强制执行或成为不合法、无效或无法强制执行，其不应影响：

1. 本合同任何其他条款在该等司法管辖区的有效性或可执行性。

2. 本合同的该等条款或任何其他条款在其他司法管辖区的有效性或可执行性。

（三）法律变化：如因适用法律、法规发生变化导致本合同的任何条款失效、违法或无法执行，双方将立即进行协商，对本合同的相关条款进行修改和补充。

…………

本合同文本已于本合同首页列明之日由双方授权代表正式签署。

甲方：（盖章）_____（签字）　　有权签字人：_____

乙方：（盖章）_____（签字）　　有权签字人：_____

签署日期：_____年____月____日

从上述机械试用买卖合同中可以看到，合同中包含了各项有关产品试用过程中的约定，如试用期限、试用期满后的情况、产品正式买卖的价款、当事人双方的基本信息、争议解决方式以及其他约定事项等，从方方面面完整、细致地进行了规定和责任划分。

除此之外，还有简略一点的范本，可供销售人员在拟订价款不高、试用品不多的试用买卖协议时使用，具体如下所示。

甲方：_____　　　　　　　　乙方：_____

就_____试用事宜，甲乙双方达成如下协议：

一、甲方权责

1. 甲方为乙方提供_____，用于乙方试用____天。

2. 甲方可在试用期（____天）内向乙方收取试用押金_____元，甲方开出收据，于试用期结束，全部退还给乙方。

3. 试用中，如有配件、包装、外壳的缺失或损坏，甲方应从乙方的押金中一律扣除相应钱款人民币_____元。

4. 乙方到期交还试用品时，甲方应予以当场测试完好后，方能全额退还押金。

二、乙方权责

1. 乙方在试用前必须向甲方交付押金_____元。

2. 乙方在试用期内必须为甲方保管好_____产品本身，所有配件及包装。

3. 在试用期间该产品因质量或人为原因造成的无法正常使用或因此引起的其他硬件的损坏，甲乙双方按普通用户_____服务协议及保修条例处理。

4. 乙方应在试用结束后的_____日内把试用品归还甲方，逾期，试用品视同以_____元价格售出。

三、试用开始时间从签署用户试用协议的第二天生效。如果_____的试用表现让乙方满意，需要购买该试用品，统一价格为_____元。

四、双方以互相理解为基础签订此合约，在发生争议或意外事件的情况下应本着互相尊重的原则协商解决。

五、本协议一式两份，自双方签字盖章之日起立即生效，甲乙双方各执一份。不得单方面解除合约，否则应根据对方的损失情况协商赔偿。

甲方（签章）：_____　　法定代表人或授权代理人：_____

乙方（签章）：_____

签署日期：_____年_____月_____日

销售人员如果在实务中遇到了需要进行产品试用的情况，可以参考这两份范本进行拟订。当然，企业自身应该也会有相应的参考文件或范本，销售人员可以按照规定与客户签订试用买卖合同。

5.3.5 取回和回赎标的物的情况

在发生某些特殊情况时，出卖人有权取回标的物，同样的，买受人也有权回赎标的物，涉及特殊情况，《民法典》第六百四十二条规定："当事人约定出卖人保留合同标的物的所有权，在标的物所有权转移前，买受人有下列情形之一，造成出卖人损害的，除当事人另有约定外，出卖人有权取回标的物：

（一）未按照约定支付价款，经催告后在合理期限内仍未支付；

（二）未按照约定完成特定条件；

（三）将标的物出卖、出质或者作出其他不当处分。

出卖人可以与买受人协商取回标的物；协商不成，可以参照适用担保物权的实现程序。"

如果出卖人依据以上第一款的规定取回标的物后，买受人在双方约定或者出卖人指定的合理回赎期限内，消除导致出卖人取回标的物的原因，可以请求回赎标的物。

还有一种情况，买受人在回赎期限内没有回赎标的物的，出卖人可以以合理价格将标的物出卖给第三人，出卖所得价款扣除买受人未支付的价款以及必要费用后仍有剩余的，应当返还买受人；不足部分由买受人清偿。

第6章

销售人员应知的法律与风险防范

销售人员在对产品进行营销、售卖的过程中，涉及的许多行为在法律上是有明确约束的，比如抢占市场份额时不允许不正当竞争，营销产品时需遵守《中华人民共和国广告法》（以下简称《广告法》）相关规定，以及尊重消费者权益等。这些是销售人员有必要了解的内容。通过对相关法律法规的学习，能够有效避免法律风险的产生。

6.1 销售人员要避免不正当竞争

每一个行业面向的市场都是有限的，自然，身处其中的企业所占的份额也极为有限。许多企业在站稳脚跟的同时，都希望尽可能将手中已有的市场份额扩大，在行业中晋升为领头羊，赚取更庞大的利益。因此，企业之间的竞争就不可避免了，其中有良性竞争，也有恶性竞争。

为了鼓励和保护公平竞争，制止不正当竞争行为，保护经营者和消费者的合法权益，我国出台了《中华人民共和国反不正当竞争法》（以下简称《反不正当竞争法》）。销售人员在开展工作的同时需要谨遵法律规定，约束自己的行为，避免产生不正当竞争，损害消费者和同行业企业权益，也会给自身带来法律风险。

6.1.1 哪些手段属于不正当竞争行为

不正当竞争行为是指经营者在生产经营活动中违反《反不正当竞争法》规定，扰乱市场竞争秩序，损害其他经营者或者消费者的合法权益的行为。

那么，不正当竞争行为包括哪些呢？下面就来详细介绍。

（1）混淆行为

依据《反不正当竞争法》第六条规定，经营者不得实施图 6-1 中的混淆行为，引人误认为是他人商品或者与他人存在特定联系。

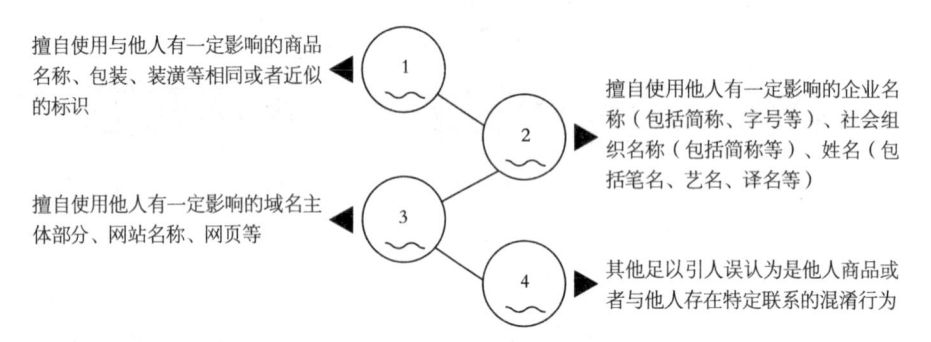

1. 擅自使用与他人有一定影响的商品名称、包装、装潢等相同或者近似的标识
2. 擅自使用他人有一定影响的企业名称（包括简称、字号等）、社会组织名称（包括简称等）、姓名（包括笔名、艺名、译名等）
3. 擅自使用他人有一定影响的域名主体部分、网站名称、网页等
4. 其他足以引人误认为是他人商品或者与他人存在特定联系的混淆行为

图 6-1　经营者不得实施的不正当竞争行为

（2）商业贿赂行为

关于商业贿赂行为，《反不正当竞争法》第七条规定："经营者不得采用财物或者其他手段贿赂下列单位或者个人，以谋取交易机会或者竞争优势：

（一）交易相对方的工作人员；

（二）受交易相对方委托办理相关事务的单位或者个人；

（三）利用职权或者影响力影响交易的单位或者个人。

经营者在交易活动中，可以以明示方式向交易相对方支付折扣，或者向中间人支付佣金。经营者向交易相对方支付折扣、向中间人支付佣金的，应当如实入账。接受折扣、佣金的经营者也应当如实入账。

经营者的工作人员进行贿赂的，应当认定为经营者的行为；但是，经营者有证据证明该工作人员的行为与为经营者谋取交易机会或者竞争优势无关的除外。"

（3）侵犯商业秘密、诋毁商誉行为

依据《反不正当竞争法》第九条规定，面对同行业企业或是竞争对手时，经营者不得实施图 6-2 中的侵犯商业秘密的行为。

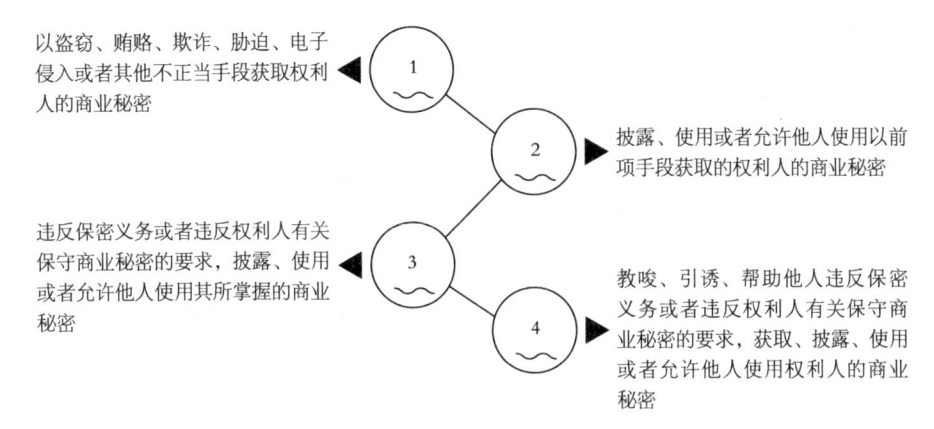

```
┌─ 1 ─ 以盗窃、贿赂、欺诈、胁迫、电子侵入或者其他不正当手段获取权利人的商业秘密
│
├─ 2 ─ 披露、使用或者允许他人使用以前项手段获取的权利人的商业秘密
│
├─ 3 ─ 违反保密义务或者违反权利人有关保守商业秘密的要求，披露、使用或者允许他人使用其所掌握的商业秘密
│
└─ 4 ─ 教唆、引诱、帮助他人违反保密义务或者违反权利人有关保守商业秘密的要求，获取、披露、使用或者允许他人使用权利人的商业秘密
```

图 6-2　经营者不得实施的侵犯商业秘密的行为

经营者以外的其他自然人、法人和非法人组织实施以上所列违法行为的，视为侵犯商业秘密。

第三人明知或者应知商业秘密权利人的员工、前员工或者其他单位、个人实施图 6-2 中 01 条所列违法行为，仍获取、披露、使用或者允许他人使用该商业秘密的，视为侵犯商业秘密。

这里所称的商业秘密，是指不为公众所知悉、具有商业价值并经权利人采取相应保密措施的技术信息、经营信息等商业信息。

除此之外，经营者不得编造、传播虚假信息或者误导性信息，损害竞争对手的商业信誉、商品声誉。

（4）虚假宣传行为

依据《反不正当竞争法》第八条规定："经营者不得对其商品的性能、功能、质量、销售状况、用户评价、曾获荣誉等作虚假或者引人误解的商业宣传，欺骗、误导消费者。……"这里的"引人误解的商业宣传"，主要包括以下几项：

①对商品作片面的宣传或者对比。
②将科学上未定论的观点、现象等当作定论的事实用于商品宣传。
③使用歧义性语言进行商业宣传。
④其他足以引人误解的商业宣传行为。

（5）不当奖售行为

依据《反不正当竞争法》第十条规定，若经营者在销售商品时实行有奖销售，不得存在图 6-3 中的情形。

```
┌─┐  ┌────────────────────────────────────────────────────────────────┐
│1│  │所设奖的种类、兑奖条件、奖金金额或者奖品等有奖销售信息不明确，影响兑奖│
└─┘  └────────────────────────────────────────────────────────────────┘

┌─┐  ┌────────────────────────────────────────────────────────────────┐
│2│  │采用谎称有奖或者故意让内定人员中奖的欺骗方式进行有奖销售            │
└─┘  └────────────────────────────────────────────────────────────────┘

┌─┐  ┌────────────────────────────────────────────────────────────────┐
│3│  │抽奖式的有奖销售，最高奖的金额超过 5.00 万元                       │
└─┘  └────────────────────────────────────────────────────────────────┘
```

图 6-3　不正当的有奖销售

（6）网络不正当竞争行为

除线下销售外，通过互联网进行线上销售已经成为众多企业的关键渠道，在这样的平台上开展销售活动依旧需要受到约束。《反不正当竞争法》第十二条规定："经营者利用网络从事生产经营活动，应当遵守本法的各项规定。

经营者不得利用技术手段，通过影响用户选择或者其他方式，实施下列妨碍、破坏其他经营者合法提供的网络产品或者服务正常运行的行为：

（一）未经其他经营者同意，在其合法提供的网络产品或者服务中，插入链接、强制进行目标跳转；

（二）误导、欺骗、强迫用户修改、关闭、卸载其他经营者合法提供的网络产品或者服务；

（三）恶意对其他经营者合法提供的网络产品或者服务实施不兼容；

（四）其他妨碍、破坏其他经营者合法提供的网络产品或者服务正常运行的行为。"

有利益就有竞争，销售人员在开展工作的过程中难免会遇到需要与竞争对手"抢客"的情况。那么，如何在竞争过程中约束自己的行为，以及分辨对手的竞争行为是否合法，就成为销售人员的必修课之一。

实例分析　难以分辨的不当奖售行为

××监管局分局的执法人员在巡查时发现，××县一家生产润滑油的公司的油瓶盖子上贴有一个刮奖标签，遂找到该公司负责人了解情况。

该公司提供的有奖销售活动宣传画写有"××年加某某油，奖！奖！奖！即刮即中，怎么这么多奖！"的字样。在该宣传画的下方还印着"一等奖 4 名，奖品为××轿车；二等奖 20 名，奖品为笔记本电脑；三等奖 80 名，奖品为手机；四等奖 400 名，奖品为蓝牙耳机；五等奖 200 000 名，奖品为 2 元"的字样。

这项有奖销售活动属违法行为。工商执法人员立即责令该公司停止违法有奖销售活动，并接受调查。"这些可都是真的，抽中的奖品我们都给消费者兑现了，怎么会违法呢？"该公司负责人一脸无辜地说，"前几天，有一名浙江的消费者刮出了一个一等奖。由于那个人家里已经有车了，我们就按××轿车当前最低配置的市场价格给了他10.00万元。"

经调查，执法人员发现该公司生产的3.5升和4.0升小包装润滑油从××年2月开始，在北京、辽宁、陕西、浙江等十几个省市开展有奖销售。截至被查获时，共抽出一个一等奖、五个二等奖。该公司除了为一等奖获得者兑现奖金外，还为五个二等奖获得者兑现了价值38 495.00元的五台笔记本电脑。

据工商执法人员介绍，该公司在有奖销售活动中设立的××轿车和笔记本电脑这两个奖项，违反了《反不正当竞争法》中从事有奖销售最高奖的金额不得超过5.00万元的规定，属违法行为。××监管局分局依法对该公司作出罚款5.00万元的行政处罚，并向该公司下达了"行政处罚决定书"。

不当奖售行为一向是人们很难注意和分辨的不正当竞争行为，毕竟用有奖销售来吸引客户一向是各行各业都十分常用的竞争手段。本案中，如果是不了解相关法律的普通消费者，或是对《反不正当竞争法》不熟悉的润滑油公司竞争对手，都可能察觉不出该公司有何不正当竞争行为。

首先，该公司所设奖的种类、兑奖条件、奖金金额或者奖品等有奖销售信息明确。其次，该公司在消费者中奖后都立即兑现了，这些都是正当的奖售行为。唯有最高奖项××轿车的金额超过5.00万元这一点，不符合《反不正当竞争法》要求。因此，××监管局对其进行行政处罚是合理合法的。

6.1.2　不正当竞争的特性及其危害

不正当竞争之所以被严令禁止，与其给市场带来的负面影响是分不开的。若是市场失去约束，经营者任意抢占份额，那么经济的发展势必会遭受一定的冲击，这对销售人员来说绝不是一个有利的局面。如下所示是不正当竞争的主要危害：

①扰乱公平竞争的市场经济秩序，造成竞争秩序混乱。

②削弱和窒息市场经济竞争机制的应有活力和作用，严重阻碍了技术进步和社会生产力的发展。

③对其他合法经营者和消费者的合法权益造成损害。

④败坏了社会风气，影响政府和执法机关的形象，增加了消费者的负担。

不正当竞争存在多种特性，正是这些特性，为市场带来了不利影响。具体见表6-1。

表6-1　不正当竞争的特性及危害

特　性	含义及危害
违法性	不正当竞争的违法性，主要体现在这样的行为违反了《反不正当竞争法》的相关规定，以及自愿、平等、公平、诚信的经营原则。尽管实际生活中，有些经营者的行为划分比较模糊，称不上违反了法律，但可以看出是违反了商业道德，失了信誉，这种行为也可以视作不正当竞争，同样是具有危害的
侵权性	不正当竞争的侵权性，主要体现在两方面，一方面是对同业经营者的侵害；另一方面则是对消费者权益的侵害 通过不正当竞争的手段，短时间内经营者可能会为自己带来不菲的利益，但市场份额有限，这部分多出来的盈利收入自然会成为同行业经营者的亏损，因而造成了对守法经营者的侵害 除了违法抢占市场的行为以外，不正当竞争还包含了虚假宣传行为，这种行为更多侵害的是消费者的权益。消费者在购买假冒伪劣或夸大效用的产品后，不仅可能遭受金钱上的损失，还有可能因为劣质产品威胁自身安全
危害性	不正当竞争行为不仅对同业经营者和消费者具有侵害性，同时，这种行为还对市场机制造成了危害。每一个行业的运行都存在一定的规律，以及或约定俗成、或强硬约束的自律性规则。如果某些经营者进行不正当竞争，做出哄抬市场价格、恶意压价扰乱市场定价或者以大幅低于市场平均水平的佣金抢占客源等行为，会对该行业的正常运行造成极大危害，严重的还会波及关联行业
隐蔽性	不正当竞争行为的隐蔽性和其多样性互相关联。相关监管部门在不断加大监管打击力度的同时，总有不良商家为逃避追责而改变不正当竞争行为的表现形式，导致现存的不正当竞争行为越来越隐蔽，也越来越难以定责和处罚
多样性	尽管《反不正当竞争法》中对不正当竞争行为做出了界定，但市场中的不正当竞争行为何止法律条款规定的这些。有些不良商家刻意法律钻空子，做出模糊界定的行为，明面上并不违反相关法律，但确实属于违背商业道德以及诚信经营原则的不正当竞争行为 比如，《反不正当竞争法》中规定经营者不允许诋毁竞争者的商业信誉，某些商家就不在明面上诋毁和打压，而是暗中指使伪装成消费者的人或是账号，到竞争者的线下门店或线上平台进行恶意指责或刷恶评，误导其他消费者，同时稍加引导，就能将这部分消费者转为自己的客源
破坏性	经过对前面几种特性的介绍，相信销售人员对不正当竞争行为的破坏性也有一定的认知了。这种破坏性针对范围非常广，首先就是同业经营者的商业地位、产品销量、营业收入等遭到破坏，最终失去竞争资格；其次是地域性比较强的商业圈的整体信誉遭到冲击，导致消费者不愿意在该地区消费；还有更多的如消费者权益、消费者人身安全、市场秩序甚至对外开放政策等，都有可能遭受破坏

6.1.3 法律对不正当竞争的处罚规定

针对不正当竞争行为，相关法律法规中包含了详细具体的处罚条款，既能在处罚违法者时有相应的依据，也能对其他经营者起到威慑作用。

经营者违反《反不正当竞争法》规定，给他人造成损害的，应当依法承担民事责任。经营者的合法权益受到不正当竞争行为损害的，可以向人民法院提起诉讼。因不正当竞争行为受到损害的经营者的赔偿数额，按照其因被侵权所受到的实际损失确定；实际损失难以计算的，按照侵权人因侵权所获得的利益确定。

针对不同的不正当竞争行为，《反不正当竞争法》给出了不同的处罚标准。下面来逐一了解。

（1）针对混淆行为的处罚

经营者违反《反不正当竞争法》第六条规定实施混淆行为的，由监督检查部门责令停止违法行为，没收违法商品。违法经营额五万元以上的，可以并处违法经营额五倍以下的罚款；没有违法经营额或者违法经营额不足五万元的，可以并处二十五万元以下的罚款。情节严重的，吊销营业执照。

若权利人因被侵权所受到的实际损失、侵权人因侵权所获得的利益难以确定的，由人民法院根据侵权行为的情节判决给予权利人五百万元以下的赔偿。

经营者登记的企业名称违反《反不正当竞争法》第六条规定的，应当及时办理名称变更登记；名称变更前，由原企业登记机关以统一社会信用代码代替其名称。

（2）针对商业贿赂行为的处罚

经营者违反《反不正当竞争法》第七条规定贿赂他人的，由监督检查部门没收违法所得，处十万元以上三百万元以下的罚款。情节严重的，吊销营业执照。

（3）针对虚假宣传行为的处罚

经营者违反《反不正当竞争法》第八条规定对其商品作虚假或者引人误解的商业宣传，或者通过组织虚假交易等方式帮助其他经营者进行虚假或者引人误解的商业宣传的，由监督检查部门责令停止违法行为，处二十万元以上一百万元以下的罚款；情节严重的，处一百万元以上二百万元以下的罚款，可以吊销营业执照。

经营者违反本法第八条规定，属于发布虚假广告的，依照我国《广告法》的规定处罚。

（4）针对侵犯商业秘密行为的处罚

经营者以及其他自然人、法人和非法人组织违反《反不正当竞争法》第九条规定侵犯商业秘密的，由监督检查部门责令停止违法行为，没收违法所得，处十万元以上一百万元以下的罚款；情节严重的，处五十万元以上五百万元以下的罚款。

同时，在侵犯商业秘密的民事审判程序中，商业秘密权利人提供初步证据，证明其已经对所主张的商业秘密采取保密措施，且合理表明商业秘密被侵犯，涉嫌侵权人应当证明权利人所主张的商业秘密不属于《反不正当竞争法》规定的商业秘密。

商业秘密权利人提供初步证据合理表明商业秘密被侵犯，且提供图 6-4 所示的证据之一的，涉嫌侵权人应当证明其不存在侵犯商业秘密的行为。

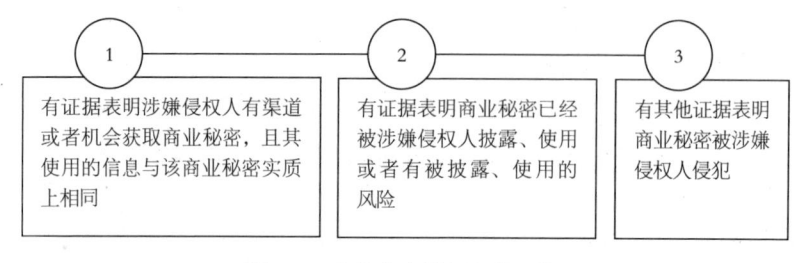

1	2	3
有证据表明涉嫌侵权人有渠道或者机会获取商业秘密，且其使用的信息与该商业秘密实质上相同	有证据表明商业秘密已经被涉嫌侵权人披露、使用或者有被披露、使用的风险	有其他证据表明商业秘密被涉嫌侵权人侵犯

图 6-4　商业秘密被侵犯的证据

（5）针对不当奖售行为的处罚

经营者违反《反不正当竞争法》第十条规定进行有奖销售的，由监督检查部门责令停止违法行为，处五万元以上五十万元以下的罚款。

（6）针对诋毁商誉行为的处罚

经营者有违反《反不正当竞争法》第十一条规定损害竞争对手商业信誉、商品声誉的，由监督检查部门责令停止违法行为、消除影响，处十万元以上五十万元以下的罚款；情节严重的，处五十万元以上三百万元以下的罚款。

（7）针对网络不正当竞争行为的处罚

经营者违反《反不正当竞争法》第十二条规定妨碍、破坏其他经营者合法提供的网络产品或者服务正常运行的，由监督检查部门责令停止违法行为，处十万元以上五十万元以下的罚款；情节严重的，处五十万元以上三百万元以下的罚款。

除了以上针对各项不正当竞争行为制定的处罚条款以外，还有一些注意事项是销售人员需要了解的，具体如图6-5所示。

1. 经营者违反《反不正当竞争法》规定从事不正当竞争，有主动消除或者减轻违法行为危害后果等法定情形的，依法从轻或者减轻行政处罚；违法行为轻微并及时纠正，没有造成危害后果的，不予行政处罚

2. 经营者违反《反不正当竞争法》规定从事不正当竞争，受到行政处罚的，由监督检查部门记入信用记录，并依照有关法律、行政法规的规定予以公示

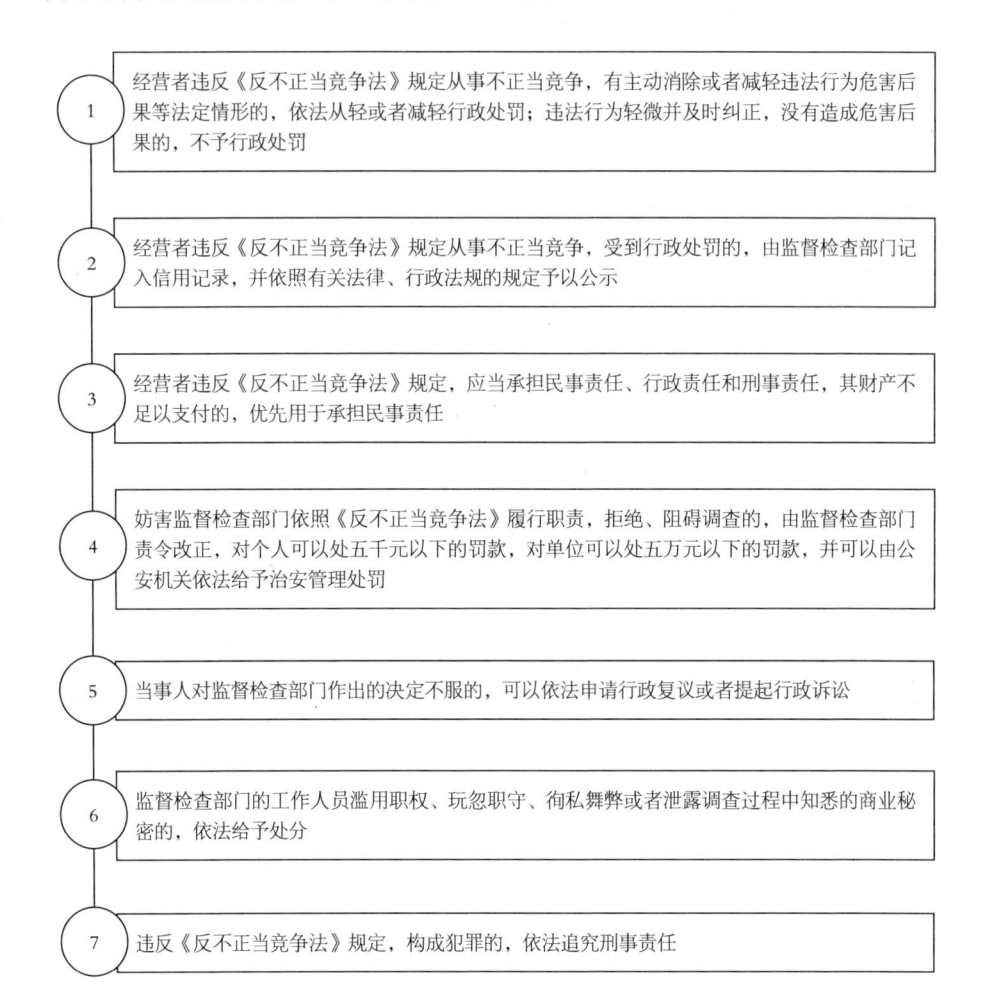

3. 经营者违反《反不正当竞争法》规定，应当承担民事责任、行政责任和刑事责任，其财产不足以支付的，优先用于承担民事责任

4. 妨害监督检查部门依照《反不正当竞争法》履行职责，拒绝、阻碍调查的，由监督检查部门责令改正，对个人可以处五千元以下的罚款，对单位可以处五万元以下的罚款，并可以由公安机关依法给予治安管理处罚

5. 当事人对监督检查部门作出的决定不服的，可以依法申请行政复议或者提起行政诉讼

6. 监督检查部门的工作人员滥用职权、玩忽职守、徇私舞弊或者泄露调查过程中知悉的商业秘密的，依法给予处分

7. 违反《反不正当竞争法》规定，构成犯罪的，依法追究刑事责任

图6-5 《反不正当竞争法》中其他罚则

了解监管方面对不正当竞争行为的罚则，能够有效约束销售人员在销售过程中的竞争行为，为自己立起一道法律防线。下面就来看看监管部门对某些不正当竞争行为的处罚。

实例分析 监管部门对不正当竞争行为的处罚决定

一、××市某食品零售店虚假宣传案

××年××月××日，市场监督管理局在对某食品零售店进行检查时发现：该店在销售保健食品过程中，通过发放免费物资吸引老年人参加会议，在会议上夸大该店销售的保健食品的功效和性能。同时建立聊天群，采取进群有奖、在群里发红包等形式拉人进群，并在聊天群里发送视频直播链接，客服在聊天群发红包，吸引更多的人观看直播，在直播过程中虚假编造人名进行订货接龙，营造抢购气氛、进行刷单炒信，刻意夸大其销售的保健食品的功效和性能，欺骗消费者。同日经批准后对当事人予以立案调查。

经查明，当事人的行为违反了《反不正当竞争法》第八条的规定，依据《反不正当竞争法》第二十条的规定，市场监督管理局对当事人作出了罚款20.00万元的行政处罚。

二、××市某加油站未按规定开展有奖销售活动案

××年××月××日，市场监督管理局执法人员依法对某加油站进行检查，现场发现该加油站正在开展有奖销售活动，但未发现奖品发放记录，未发现中奖率及中奖情况公示，经批准后对当事人予以立案调查。经查实，当事人为达到吸引客户的目的开展有奖销售活动，在有奖销售前，未明确公布奖品价格、奖品数量及中奖概率，且对超过500.00元奖项的兑奖情况未进行公示。

经查实，当事人违反了《规范促销行为暂行规定》第十三条第一款的规定，依据《规范促销行为暂行规定》第二十七条及《反不正当竞争法》第二十二条的规定，依法应予处罚；当事人对超过500.00元奖项的兑奖情况未进行公示的行为，违反了《规范促销行为暂行规定》第十三条第二款的规定，依据《规范促销行为暂行规定》第二十八条的规定，依法应予处罚。同时依据《中华人民共和国行政处罚法》（以下简称《行政处罚法》）第二十九条的规定，经综合考量，对当事人作出罚款2.00万元的行政处罚决定。

三、××市某蒂葡萄酒有限公司混淆案

××年××月××日，市场监督管理局接到举报电话，某蒂葡萄酒有限公司生产的苏打酒标注"××集团有限公司"的名称，涉嫌构成不正当竞争，经批准后对当事人予以立案调查。经查实，当事人生产经营"××苏打酒（配制酒）"产品共计2 926箱（24瓶／箱），在未取得××集团有限公司授权的情况下，便擅自将该公司的企业名称直接、完整地标注在酒标显著位置上。该行

为容易使消费者误认为当事人与××集团有限公司或其产品存在特定联系，构成混淆行为。

当事人实施混淆行为，违反了《反不正当竞争法》第六条第二项规定。依据《反不正当竞争法》第六条第二项及《行政处罚法》第二十八条第二款规定，对当事人作出罚款 89 974.50 元、没收违法所得 994.84 元的行政处罚决定。

6.2 有关广告推销的规定与法律风险

广告意为广而告之，是一种向社会广大公众告知某件事物的行为，也是一个传播的媒介和工具。

广告主要分为非经济广告和经济广告两类。其中，非经济广告是指不以营利为目的的广告，如政府公告，教育、文化、市政、社会团体等组织发布的启事、声明等。

经济广告是指以营利为目的的广告，通常是商业广告，它是为推销商品或提供服务，以付费方式通过广告媒体向消费者或用户传播商品或服务信息的手段。而本节涉及的法律知识，针对的正是这样的经济广告。

为了规范广告活动，保护消费者的合法权益，促进广告业的健康发展，维护社会经济秩序，我国颁布了《广告法》。在我国境内，商品经营者或者服务提供者通过一定媒介和形式直接或者间接地介绍自己所推销的商品或者服务的商业广告活动，适用《广告法》。

在《广告法》中，有几项基本原则是需要遵守的，具体如图 6-6 所示。

合法
广告应当真实、合法，以健康的表现形式表达广告内容，符合社会主义精神文明建设和弘扬中华民族优秀传统文化的要求

真实
广告不得含有虚假或者引人误解的内容，不得欺骗、误导消费者。广告主应当对广告内容的真实性负责

公平
广告主、广告经营者、广告发布者从事广告活动，应当遵守法律、法规，诚实信用，公平竞争

图 6-6 广告的基本原则

以上原则中提到了广告主、广告经营者和广告发布者，还有未在原则中提到，但在后续会涉及的广告代言人，都是法律中明确了定义的对象，具体如图 6-7 所示。

广告主
广告主是指为推销商品或者服务，自行或者委托他人设计、制作、发布广告的自然人、法人或者其他组织

广告经营者
广告经营者是指接受委托提供广告设计、制作、代理服务的自然人、法人或者其他组织

广告发布者
广告发布者是指为广告主或者广告主委托的广告经营者发布广告的自然人、法人或者其他组织

广告代言人
广告代言人是指广告主以外的，在广告中以自己的名义或者形象对商品、服务作推荐、证明的自然人、法人或者其他组织

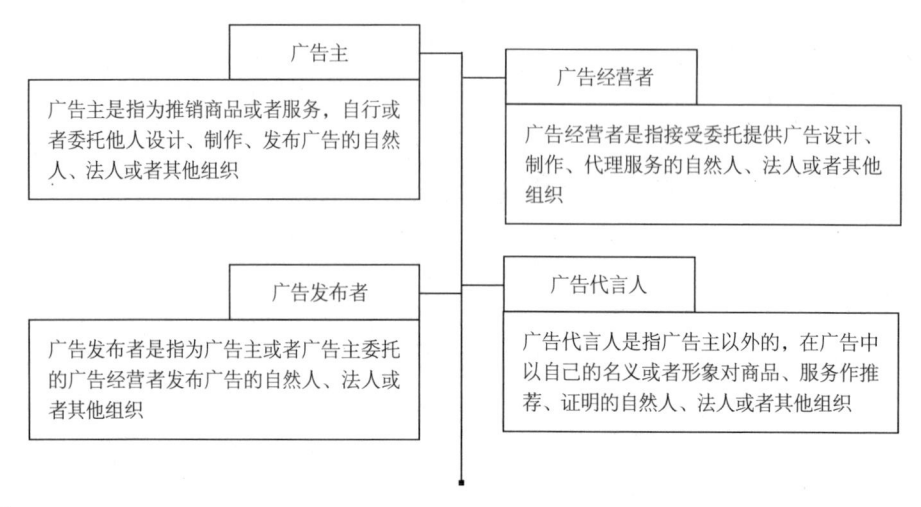

图 6-7　《广告法》适用对象定义

6.2.1　广告内容规范及不得出现的情形

广告的目的在于向公众告知某些信息，那么其中的内容就非常关键，这关系到这些信息是否能够有效传播。

如果是告知商品的，广告中对商品的性能、功能、产地、用途、质量、成分、价格、生产者、有效期限、允诺等应当表述清晰；如果是告知服务的，对服务的内容、提供者、形式、质量、价格、允诺等的表示应当准确、清楚、明白。

如果广告中还表明推销的商品或者服务附带赠送的，应当明示所附带赠送商品或者服务的品种、规格、数量、期限和方式。同时，法律、行政法规规定广告中应当明示的内容，应当显著、清晰表示。

除此之外，广告的内容还有许多需要规范和约束的地方，具体如下所示：

内容需要行政许可。广告内容涉及的事项需要取得行政许可的，应当与许可的内容相符合。

参考资料需要真实准确。广告使用数据、统计资料、调查结果、文摘、引用语等引证内容的，应当真实、准确，并表明出处。引证内容有适用范围和有效期限的，应当明确表示。

标明专利号和专利种类。广告中涉及专利产品或者专利方法的，应当标明专利号和专利种类。未取得专利权的，不得在广告中谎称取得专利权。同时，禁止使用未授予专利权的专利申请和已经终止、撤销、无效的专利作广告。

广告可识别性。广告应当具有可识别性，能够使消费者辨明其为广告。

广告性质的明确。大众传播媒介不得以新闻报道形式变相发布广告。通过大众传播媒介发布的广告应当显著标明"广告"，与其他非广告信息相区别，不得使消费者产生误解。

广告的时长提示。广播电台、电视台发布广告，应当遵守国务院有关部门关于时长、方式的规定，并应当对广告时长作出明显提示。

根据《广告法》第九条规定："广告不得有下列情形：

（一）使用或者变相使用中华人民共和国的国旗、国歌、国徽，军旗、军歌、军徽；

（二）使用或者变相使用国家机关、国家机关工作人员的名义或者形象；

（三）使用'国家级'、'最高级'、'最佳'等用语；

（四）损害国家的尊严或者利益，泄露国家秘密；

（五）妨碍社会安定，损害社会公共利益；

（六）危害人身、财产安全，泄露个人隐私；

（七）妨碍社会公共秩序或者违背社会良好风尚；

（八）含有淫秽、色情、赌博、迷信、恐怖、暴力的内容；

（九）含有民族、种族、宗教、性别歧视的内容；

（十）妨碍环境、自然资源或者文化遗产保护；

（十一）法律、行政法规规定禁止的其他情形。"

同时，广告不得损害未成年人和残疾人的身心健康，不得贬低其他生产经营者的商品或者服务。

由于各行业经营的业务和售卖的产品差别较大，显然并不能一概而论，因此，《广告法》针对不同行业的广告，对其不得出现的情形做出了更细致的规定。

（1）医药行业类广告

医药行业包含甚广，细分行业众多，从药品到医疗器械，从医美服务到保健食品，都涵盖在该行业中。针对医药行业细分行业的广告，《广告法》第十五条规定："麻醉药品、精神药品、医疗用毒性药品、放射性药品等特殊药品，药品类易制毒化学品，以及戒毒治疗的药品、医疗器械和治疗方法，不得作广告。

前款规定以外的处方药，只能在国务院卫生行政部门和国务院药品监督管理部门共同指定的医学、药学专业刊物上作广告。"

根据《广告法》第十六条规定，医疗、药品、医疗器械广告不得含有图6-8中的内容。

- 1 表示功效、安全性的断言或者保证
- 2 说明治愈率或者有效率
- 3 与其他药品、医疗器械的功效和安全性或者其他医疗机构比较
- 4 利用广告代言人作推荐、证明
- 5 法律、行政法规规定禁止的其他内容

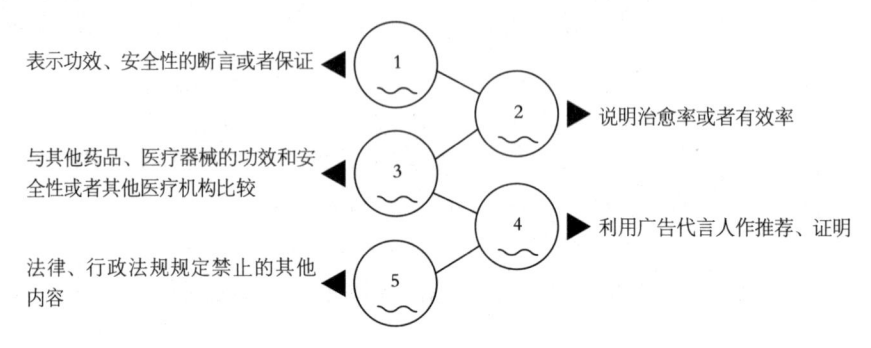

图6-8 医疗、药品、医疗器械广告不得含有的内容

同时，药品广告的内容不得与国务院药品监督管理部门批准的说明书不一致，并应当显著标明禁忌、不良反应。处方药广告应当显著标明"本广告仅供医学药学专业人士阅读"，非处方药广告应当显著标明"请按药品说明书或者在药师指导下购买和使用"。

推荐给个人自用的医疗器械的广告，应当显著标明"请仔细阅读产品说明书或者在医务人员的指导下购买和使用"。医疗器械产品注册证明文件中有禁忌内容、注意事项的，广告中应当显著标明"禁忌内容或者注意事项详见说明书"。

除医疗、药品、医疗器械广告外，禁止其他任何广告涉及疾病治疗功能，并不得使用医疗用语或者易使推销的商品与药品、医疗器械相混淆的用语。

根据《广告法》第十八条规定："保健食品广告不得含有下列内容：

（一）表示功效、安全性的断言或者保证；

（二）涉及疾病预防、治疗功能；

（三）声称或者暗示广告商品为保障健康所必需；

（四）与药品、其他保健食品进行比较；

（五）利用广告代言人作推荐、证明；

（六）法律、行政法规规定禁止的其他内容。

保健食品广告应当显著标明'本品不能代替药物'。"

注意，广播电台、电视台、报刊音像出版单位、互联网信息服务提供者不得以介绍健康、养生知识等形式变相发布医疗、药品、医疗器械、保健食品

广告。

（2）农药、饲料类广告

根据《广告法》第二十一条规定："农药、兽药、饲料和饲料添加剂广告不得含有下列内容：

（一）表示功效、安全性的断言或者保证；

（二）利用科研单位、学术机构、技术推广机构、行业协会或者专业人士、用户的名义或者形象作推荐、证明；

（三）说明有效率；

（四）违反安全使用规程的文字、语言或者画面；

（五）法律、行政法规规定禁止的其他内容。"

（3）烟、酒类广告

烟草广告限制极严，《广告法》第二十二条规定："禁止在大众传播媒介或者公共场所、公共交通工具、户外发布烟草广告。禁止向未成年人发送任何形式的烟草广告。

禁止利用其他商品或者服务的广告、公益广告，宣传烟草制品名称、商标、包装、装潢以及类似内容。

烟草制品生产者或者销售者发布的迁址、更名、招聘等启事中，不得含有烟草制品名称、商标、包装、装潢以及类似内容。"

酒类广告没有这方面限制，但《广告法》第二十三条规定："酒类广告不得含有下列内容：

（一）诱导、怂恿饮酒或者宣传无节制饮酒；

（二）出现饮酒的动作；

（三）表现驾驶车、船、飞机等活动；

（四）明示或者暗示饮酒有消除紧张和焦虑、增加体力等功效。"

（4）教培类广告

《广告法》第二十四条规定："教育、培训广告不得含有下列内容：

（一）对升学、通过考试、获得学位学历或者合格证书，或者对教育、培训的效果作出明示或者暗示的保证性承诺；

（二）明示或者暗示有相关考试机构或者其工作人员、考试命题人员参与教育、培训；

（三）利用科研单位、学术机构、教育机构、行业协会、专业人士、受益者的名义或者形象作推荐、证明。"

（5）招商类广告

《广告法》第二十五条规定："招商等有投资回报预期的商品或者服务广告，应当对可能存在的风险以及风险责任承担有合理提示或者警示，并不得含有下列内容：

（一）对未来效果、收益或者与其相关的情况作出保证性承诺，明示或者暗示保本、无风险或者保收益等，国家另有规定的除外；

（二）利用学术机构、行业协会、专业人士、受益者的名义或者形象作推荐、证明。"

（6）房地产类广告

《广告法》第二十六条规定："房地产广告，房源信息应当真实，面积应当表明为建筑面积或者套内建筑面积，并不得含有下列内容：

（一）升值或者投资回报的承诺；

（二）以项目到达某一具体参照物的所需时间表示项目位置；

（三）违反国家有关价格管理的规定；

（四）对规划或者建设中的交通、商业、文化教育设施以及其他市政条件作误导宣传。"

（7）农林畜牧养殖类广告

《广告法》第二十七条规定："农作物种子、林木种子、草种子、种畜禽、水产苗种和种养殖广告关于品种名称、生产性能、生长量或者产量、品质、抗性、特殊使用价值、经济价值、适宜种植或者养殖的范围和条件等方面的表述应当真实、清楚、明白，并不得含有下列内容：

（一）作科学上无法验证的断言；

（二）表示功效的断言或者保证；

（三）对经济效益进行分析、预测或者作保证性承诺；

（四）利用科研单位、学术机构、技术推广机构、行业协会或者专业人士、用户的名义或者形象作推荐、证明。"

在广告内容的规范性上进行约束后，《广告法》还对广告的真实性进行了规定，明令禁止虚假广告的出现。

《广告法》第二十八条规定："广告以虚假或者引人误解的内容欺骗、误导消费者的，构成虚假广告。广告有下列情形之一的，为虚假广告：

（一）商品或者服务不存在的；

（二）商品的性能、功能、产地、用途、质量、规格、成分、价格、生产者、有效期限、销售状况、曾获荣誉等信息，或者服务的内容、提供者、形式、质量、价格、销售状况、曾获荣誉等信息，以及与商品或者服务有关的允诺等信息与实际情况不符，对购买行为有实质性影响的；

（三）使用虚构、伪造或者无法验证的科研成果、统计资料、调查结果、文摘、引用语等信息作证明材料的；

（四）虚构使用商品或者接受服务的效果的；

（五）以虚假或者引人误解的内容欺骗、误导消费者的其他情形。"

广告是公司在宣传自身产品时必不可少的手段，上到大型集团招聘公告下到小型门店活动展示，大到电视广告小到宣传口号，都属于广告的范畴。而在广告渠道众多、种类广泛的情况下，相关法律的红线就更容易被触及。销售人员一定要注意什么话该说，什么事该做，不要为了宣传、销售而不顾底线。

实例分析 ××**家居有限公司发布虚假广告案**

××家居有限公司于电视购物节目的两段视频中提及其销售的乳胶床垫为"中国电视媒体第一款功能床垫保健床垫理疗床垫""行业内第一款功能床垫保健床垫""销售的乳胶床垫是石墨烯乳胶床垫，并具有除菌杀菌抑菌抗菌除异味、促进大肠蠕动排毒、缓解风湿类风湿关节疼痛、治疗心脑血管问题等功能"等宣传内容，但无法提供其销售的产品具有上述功能的证明材料，且无证据证明其产品属于医疗器械。

视频中提及"通过××年对××位身体肥胖人士的研究表明：这些研究对象通过使用石墨烯乳胶床垫，对腹部肥胖减小是比较明显的，其中62%的人表示使用石墨烯床垫一个月后睡眠质量明显改善，使用两个月后宿便排出腹部变小了。89%的人表示体重明显下降。使用五年后97%的人体重下降了，"三高"问题也缓解了，深度睡眠增加了2~3小时"等数据内容，无法提供相应证明材料。

××家居有限公司于某电商平台上开设的官方旗舰店，其销售的石墨烯乳胶床垫宣传页面内写有"生产乳胶寝具具有防螨、抗真菌、抗细菌的健康专利，其产品能缓解肩腰酸痛、腰背不适、肌肉紧张等睡眠问题"等内容，且同样无法向相关机构提供相关证明材料。同时，其销售的1.8×2.0米的吻眠泰国进口石墨烯乳胶床垫的宣传页面写有各种石墨烯的宣传内容，而该公司销售的产品内并未使用石墨烯材料。案发后当事人已经将涉案广告删除。

很显然，××家居有限公司的上述行为明显违反《广告法》中的相关内容，并且条款还不少，主要有《广告法》第十一条第二款、第十二条第二款、第十七条、第二十八条第二款规定。而根据《广告法》后续对于这些违法行为的处罚规定，市场监督管理局就需要对当事人处以罚款，以作警示。

6.2.2 广告行为规范和资格审查

针对广告制作和宣扬过程中广告主、广告经营者、广告发布者和广告代言人的行为，也存在一系列的规范条款，包括应当做的事项和不得出现的情形。

有关资格审查的内容则比较简略，对象主要分为两类，一类是广告主、广告经营者、广告发布者和广告代言人；另一类则是即将向外公布的广告。

先来说说对广告主、广告经营者、广告发布者和广告代言人的资格审查。其中，广告主是为推销商品或服务，自行或者委托他人设计、制作、发布广告的自然人、法人或者其他组织。关于广告经营者、广告发布者和广告代言人的资格规定如图6-9所示。

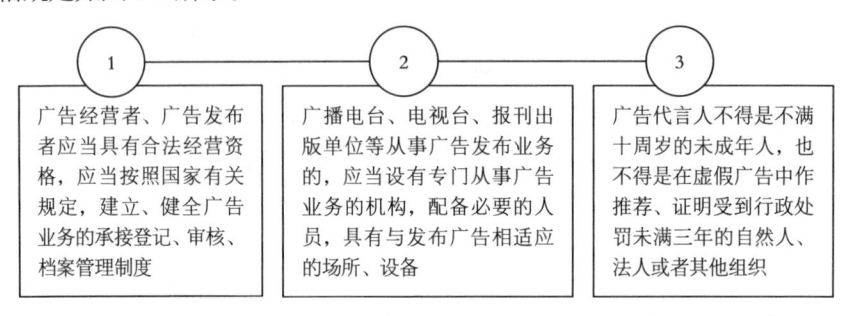

1	2	3
广告经营者、广告发布者应当具有合法经营资格，应当按照国家有关规定，建立、健全广告业务的承接登记、审核、档案管理制度	广播电台、电视台、报刊出版单位等从事广告发布业务的，应当设有专门从事广告业务的机构，配备必要的人员，具有与发布广告相适应的场所、设备	广告代言人不得是不满十周岁的未成年人，也不得是在虚假广告中作推荐、证明受到行政处罚未满三年的自然人、法人或者其他组织

图6-9 广告经营者、发布者与代言人的资格规定

在审查了广告经营者、广告发布者和广告代言人的资格后，广告的内容也要在发布前经过审查和核对，避免出现不当内容造成法律风险。

《广告法》第三十四条规定："……广告经营者、广告发布者依据法律、行政法规查验有关证明文件，核对广告内容。对内容不符或者证明文件不全的广告，广告经营者不得提供设计、制作、代理服务，广告发布者不得发布。"

接下来要介绍的是广告的行为规范。这些规范性条款对广告主、广告经营者、广告发布者和广告代言人都有约束力，有些是单独针对某一特定对象的，有些则是针对多个对象的，具体见表6-2。

表 6-2 广告行为规范条款

对　象	具体规定
广告主	广告主委托设计、制作、发布广告，应当委托具有合法经营资格的广告经营者、广告发布者
广告代言人	广告代言人在广告中对商品、服务做推荐、证明，应当依据事实，符合《广告法》和有关法律、行政法规规定，并不得为其未使用过的商品或者未接受过的服务做推荐、证明
广告发布者	广告发布者向广告主、广告经营者提供的覆盖率、收视率、点击率、发行量等资料应当真实
多个对象	广告主、广告经营者、广告发布者之间在广告活动中应当依法订立书面合同，不得在广告活动中进行任何形式的不正当竞争。广告经营者、广告发布者应当公布其收费标准和收费办法 广告主或者广告经营者在广告中使用他人名义或者形象的，应当事先取得其书面同意；使用无民事行为能力人、限制民事行为能力人的名义或者形象的，应当事先取得其监护人的书面同意

以上是广告各主体应当遵守的规范，下面来看看广告各主体不得出现的行为和不得发生的情形。

（1）关于广告的制作

《广告法》第三十七条规定："法律、行政法规规定禁止生产、销售的产品或者提供的服务，以及禁止发布广告的商品或者服务，任何单位或者个人不得设计、制作、代理、发布广告。"

（2）关于广告的发布

《广告法》第三十九条规定："不得在中小学校、幼儿园内开展广告活动，不得利用中小学生和幼儿的教材、教辅材料、练习册、文具、教具、校服、校车等发布或者变相发布广告，但公益广告除外。"

第四十条规定："在针对未成年人的大众传播媒介上不得发布医疗、药品、保健食品、医疗器械、化妆品、酒类、美容广告，以及不利于未成年人身心健康的网络游戏广告。

针对不满十四周岁的未成年人的商品或者服务的广告不得含有下列内容：

（一）劝诱其要求家长购买广告商品或者服务；

（二）可能引发其模仿不安全行为。"

任何单位或者个人未经当事人同意或者请求，不得向其住宅、交通工具等发送广告，也不得以电子信息方式向其发送广告。以电子信息方式发送广告的，应当明示发送者的真实身份和联系方式，并向接收者提供拒绝继续接收的方式。

（3）关于户外广告的设置

县级以上地方人民政府应当组织有关部门加强对利用户外场所、空间、设施等发布户外广告的监督管理，制定户外广告设置规划和安全要求。《广告法》第四十二条规定："有下列情形之一的，不得设置户外广告：

（一）利用交通安全设施、交通标志的；

（二）影响市政公共设施、交通安全设施、交通标志、消防设施、消防安全标志使用的；

（三）妨碍生产或者人民生活，损害市容市貌的；

（四）在国家机关、文物保护单位、风景名胜区等的建筑控制地带，或者县级以上地方人民政府禁止设置户外广告的区域设置的。"

户外广告的管理办法，由地方性法规、地方政府规章规定。

6.2.3 有关部门对广告的严格审查

在前面广告行为规范的内容中，提到了广告在发布之前需要经过内容的审查和核对，除了广告主、广告经营者和广告发布者自行审查之外，还有专门负责这方面工作的广告审查机关。

根据《广告法》第四十六条规定："发布医疗、药品、医疗器械、农药、兽药和保健食品广告，以及法律、行政法规规定应当进行审查的其他广告，应当在发布前由有关部门（以下称广告审查机关）对广告内容进行审查；未经审查，不得发布。"

同时，广告的审查需要广告主来申请，广告主应当依照法律、行政法规向广告审查机关提交有关证明文件。注意，任何单位或者个人不得伪造、变造或者转让广告审查批准文件。

在广告发布前后，还有相关市场监管部门进行持续跟踪和监管。根据《广告法》第四十九条规定，市场监督管理部门履行广告监督管理职责，可以行使图 6-10 中的职权。

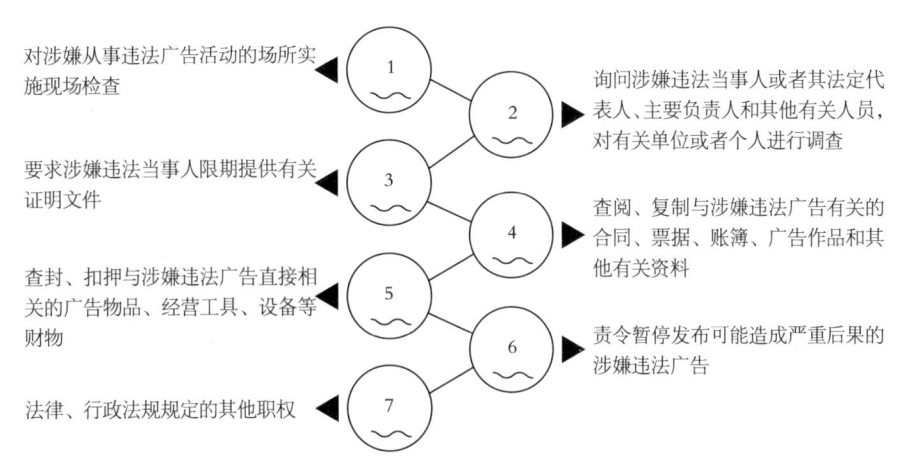

```
对涉嫌从事违法广告活动的场所实     1      询问涉嫌违法当事人或者其法定代
施现场检查                                    表人、主要负责人和其他有关人员，
                                        2    对有关单位或个人进行调查
要求涉嫌违法当事人限期提供有关     3
证明文件                                       查阅、复制与涉嫌违法广告有关的
                                        4    合同、票据、账簿、广告作品和其
查封、扣押与涉嫌违法广告直接相              他有关资料
关的广告物品、经营工具、设备等     5
财物                                          责令暂停发布可能造成严重后果的
                                        6    涉嫌违法广告
法律、行政法规定的其他职权         7
```

图 6-10　市场监督管理部门可以行使的职权

同时，市场监督管理部门应当建立健全广告监测制度，完善监测措施，及时发现和依法查处违法广告行为。

市场监督管理部门依照《广告法》规定行使职权，当事人应当协助、配合，不得拒绝、阻挠。市场监督管理部门和有关部门及其工作人员对其在广告监督管理活动中知悉的商业秘密负有保密义务。

任何单位或者个人有权向市场监督管理部门和有关部门投诉、举报违反《广告法》的行为。

市场监督管理部门和有关部门应当向社会公开受理投诉、举报的电话、信箱或者电子邮件地址，接到投诉、举报的部门应当自收到投诉之日起七个工作日内，予以处理并告知投诉、举报人。

6.2.4　广告违反规定将受到处罚

针对广告内容和行为违反法律法规规定，《广告法》给出了详细具体的处罚条款，主要分为对虚假广告的处罚、对违反各项规定的处罚、对虚假审查材料的处罚、对发布违法广告的处罚、对侵权行为的处罚、对广告各对象阻挠执法的处罚等。

其中内容较多，销售人员只需选择自己在实务中会接触到的法规深入了解即可，其他不常涉及的条款无须过多研究，下面来逐一进行介绍。

（1）对虚假广告的处罚

对虚假广告的处罚分为罚款与方式、责任与赔偿和相关责任人三大块。

◆ 罚款与方式

违反《广告法》规定发布虚假广告的，由市场监督管理部门责令停止发布广告，责令广告主在相应范围内消除影响，处广告费用三倍以上五倍以下的罚款，广告费用无法计算或者明显偏低的，处二十万元以上一百万元以下的罚款；两年内有三次以上违法行为或者有其他严重情节的，处广告费用五倍以上十倍以下的罚款，广告费用无法计算或者明显偏低的，处一百万元以上二百万元以下的罚款，可以吊销营业执照，并由广告审查机关撤销广告审查批准文件、一年内不受理其广告审查申请。

医疗机构有以上规定违法行为，情节严重的，除由市场监督管理部门依照本法处罚外，卫生行政部门可以吊销诊疗科目或者医疗机构执业许可证。

广告经营者、广告发布者明知或者应知广告虚假仍设计、制作、代理、发布的，由市场监督管理部门没收广告费用，罚款的数额和方式与前述相同，并可以由有关部门暂停广告发布业务、吊销营业执照。

◆ 责任与赔偿

违反《广告法》规定，发布虚假广告，欺骗、误导消费者，使购买商品或者接受服务的消费者的合法权益受到损害的，由广告主依法承担民事责任。广告经营者、广告发布者不能提供广告主的真实名称、地址和有效联系方式的，消费者可以要求广告经营者、广告发布者先行赔偿。

关系消费者生命健康的商品或者服务的虚假广告，造成消费者损害的，其广告经营者、广告发布者、广告代言人应当与广告主承担连带责任。

以上规定以外的商品或者服务的虚假广告，造成消费者损害的，其广告经营者、广告发布者、广告代言人，明知或者应知广告虚假仍设计、制作、代理、发布或者作推荐、证明的，应当与广告主承担连带责任。

◆ 相关责任人

违反《广告法》规定，因发布虚假广告，或者有其他本法规定的违法行为，被吊销营业执照的公司、企业的法定代表人，对违法行为负有个人责任的，自该公司、企业被吊销营业执照之日起三年内不得担任公司、企业的董事、监事、高级管理人员。

（2）对违反各项规定的处罚

这部分内容非常多，也是罚则中的重点，基本对违反有关广告内容规范和行为规范规定的行为，都对应给出了处罚措施。

根据《广告法》第五十七条规定，有图 6-11 所示行为之一的，由市场监督管理部门责令停止发布广告，对广告主处二十万元以上一百万元以下的罚款，情节严重的，并可以吊销营业执照，由广告审查机关撤销广告审查批准文件、一年内不受理其广告审查申请；对广告经营者、广告发布者，由市场监督管理部门没收广告费用，处二十万元以上一百万元以下的罚款，情节严重的，并可以吊销营业执照。

1. 发布有《广告法》第九条、第十条规定的禁止情形的广告的

2. 违反《广告法》第十五条规定发布处方药广告、药品类易制毒化学品广告、戒毒治疗的医疗器械和治疗方法广告的

3. 违反《广告法》第二十条规定，发布声称全部或者部分替代母乳的婴儿乳制品、饮料和其他食品广告的

4. 违反《广告法》第二十二条规定发布烟草广告的

5. 违反《广告法》第三十七条规定，利用广告推销禁止生产、销售的产品或者提供的服务，或者禁止发布广告的商品或者服务的

6. 违反《广告法》第四十条第一款规定，在针对未成年人的大众传播媒介上发布医疗、药品、保健食品、医疗器械、化妆品、酒类、美容广告，以及不利于未成年人身心健康的网络游戏广告的

图 6-11　《广告法》第五十七条相关规定

若销售人员有疑问，可查阅《广告法》，了解相应条款的具体规定。

根据《广告法》第五十八条规定："有下列行为之一的，由市场监督管理部门责令停止发布广告，责令广告主在相应范围内消除影响，处广告费用一倍以上三倍以下的罚款，广告费用无法计算或明显偏低的，处十万元以上二十万元以下的罚款；情节严重的，处广告费用三倍以上五倍以下的罚款，广告费用无法计算或明显偏低的，处二十万元以上一百万元以下的罚款，可以吊销营业执照，并由广告审查机关撤销广告审查批准文件、一年内不受理其广告审查申请：

（一）违反本法第十六条规定发布医疗、药品、医疗器械广告的；

（二）违反本法第十七条规定，在广告中涉及疾病治疗功能，以及使用医疗用语或者易使推销的商品与药品、医疗器械相混淆的用语的；

（三）违反本法第十八条规定发布保健食品广告的；

（四）违反本法第二十一条规定发布农药、兽药、饲料和饲料添加剂广告的；

（五）违反本法第二十三条规定发布酒类广告的；

（六）违反本法第二十四条规定发布教育、培训广告的；

（七）违反本法第二十五条规定发布招商等有投资回报预期的商品或者服务广告的；

（八）违反本法第二十六条规定发布房地产广告的；

（九）违反本法第二十七条规定发布农作物种子、林木种子、草种子、种畜禽、水产苗种和种养殖广告的；

（十）违反本法第三十八条第二款规定，利用不满十周岁的未成年人作为广告代言人的；

（十一）违反本法第三十八条第三款规定，利用自然人、法人或者其他组织作为广告代言人的；

（十二）违反本法第三十九条规定，在中小学校、幼儿园内或者利用与中小学生、幼儿有关的物品发布广告的；

（十三）违反本法第四十条第二款规定，发布针对不满十四周岁的未成年人的商品或者服务的广告的；

（十四）违反本法第四十六条规定，未经审查发布广告的。

医疗机构有前款规定违法行为，情节严重的，除由市场监督管理部门依照本法处罚外，卫生行政部门可以吊销诊疗科目或者吊销医疗机构执业许可证。

广告经营者、广告发布者明知或者应知有本条第一款规定违法行为仍设计、制作、代理、发布的，由市场监督管理部门没收广告费用，并处广告费用一倍以上三倍以下的罚款，广告费用无法计算或者明显偏低的，处十万元以上二十万元以下的罚款；情节严重的，处广告费用三倍以上五倍以下的罚款，广告费用无法计算或者明显偏低的，处二十万元以上一百万元以下的罚款，并可以由有关部门暂停广告发布业务、吊销营业执照。"

根据《广告法》第五十九条规定："有下列行为之一的，由市场监督管理部门责令停止发布广告，对广告主处十万元以下的罚款：

（一）广告内容违反本法第八条规定的；

（二）广告引证内容违反本法第十一条规定的；

（三）涉及专利的广告违反本法第十二条规定的；

（四）违反本法第十三条规定，广告贬低其他生产经营者的商品或者服务的。

广告经营者、广告发布者明知或者应知有以上规定违法行为仍设计、制作、代理、发布的，由市场监督管理部门处十万元以下的罚款。……"

对于广告代言人，《广告法》第六十一条规定："广告代言人有下列情形之一的，由市场监督管理部门没收违法所得，并处违法所得一倍以上二倍以下的罚款：

（一）违反本法第十六条第一款第四项规定，在医疗、药品、医疗器械广告中作推荐、证明的；

（二）违反本法第十八条第一款第五项规定，在保健食品广告中作推荐、证明的；

（三）违反本法第三十八条第一款规定，为其未使用过的商品或者未接受过的服务作推荐、证明的；

（四）明知或者应知广告虚假仍在广告中对商品、服务作推荐、证明的。"

下面来看看其他处罚规定，见表6-3。

表6-3 其他违反《广告法》相关规定的处罚

违反条款	处罚规定
《广告法》第十四条规定，或第十九条规定	广告违反《广告法》第十四条规定，不具有可识别性的，或者违反本法第十九条规定，变相发布医疗、药品、医疗器械、保健食品广告的，由市场监督管理部门责令改正，对广告发布者处十万元以下的罚款
《广告法》第三十四条和第三十五条规定	违反《广告法》第三十四条规定，广告经营者、广告发布者未按照国家有关规定建立、健全广告业务管理制度的，或者未对广告内容进行核对的，由市场监督管理部门责令改正，可以处五万元以下的罚款。违反本法第三十五条规定，广告经营者、广告发布者未公布其收费标准和收费办法的，由价格主管部门责令改正，可以处五万元以下的罚款
《广告法》第四十三条和第四十四条第二款规定	违反《广告法》第四十三条规定发送广告的，由有关部门责令停止违法行为，对广告主处五千元以上三万元以下的罚款。违反本法第四十四条第二款规定，利用互联网发布广告，未显著标明关闭标志，确保一键关闭的，由市场监督管理部门责令改正，对广告主处五千元以上三万元以下的罚款
《广告法》第四十五条规定	违反《广告法》第四十五条规定，公共场所的管理者和电信业务经营者、互联网信息服务提供者，明知或者应知广告活动违法不予制止的，由市场监督管理部门没收违法所得，违法所得五万元以上的，并处违法所得一倍以上三倍以下的罚款，违法所得不足五万元的，并处一万元以上五万元以下的罚款；情节严重的，由有关部门依法停止相关业务

(3) 对虚假审查材料的处罚

违反《广告法》规定，隐瞒真实情况或者提供虚假材料申请广告审查的，广告审查机关不予受理或者不予批准，予以警告，一年内不受理该申请人的广告审查申请；以欺骗、贿赂等不正当手段取得广告审查批准的，广告审查机关予以撤销，处十万元以上二十万元以下的罚款，三年内不受理该申请人的广告审查申请。

违反《广告法》规定，伪造、变造或者转让广告审查批准文件的，由市场监督管理部门没收违法所得，并处一万元以上十万元以下的罚款。

(4) 对发布违法广告的处罚

《广告法》第六十七条规定："广播电台、电视台、报刊音像出版单位发布违法广告，或者以新闻报道形式变相发布广告，或者以介绍健康、养生知识等形式变相发布医疗、药品、医疗器械、保健食品广告，市场监督管理部门依照本法给予处罚的，应当通报新闻出版、广播电视主管部门以及其他有关部门。新闻出版、广播电视主管部门以及其他有关部门应当依法对负有责任的主管人员和直接责任人员给予处分；情节严重的，并可以暂停媒体的广告发布业务。

新闻出版、广播电视主管部门以及其他有关部门未依照前款规定对广播电台、电视台、报刊音像出版单位进行处理的，对负有责任的主管人员和直接责任人员，依法给予处分。"

(5) 对侵权行为的处罚

《广告法》第六十八条规定："广告主、广告经营者、广告发布者违反本法规定，有下列侵权行为之一的，依法承担民事责任：

（一）在广告中损害未成年人或者残疾人的身心健康的；

（二）假冒他人专利的；

（三）贬低其他生产经营者的商品、服务的；

（四）在广告中未经同意使用他人名义或者形象的；

（五）其他侵犯他人合法民事权益的。"

(6) 对广告各对象阻挠执法的处罚

违反《广告法》规定，拒绝、阻挠市场监督管理部门监督检查，或者有其他构成违反治安管理行为的，依法给予治安管理处罚；构成犯罪的，依法追究刑事责任。

由此可见,《广告法》对于广告违法行为的处罚规定还是相当繁多复杂的,至少比《反不正当竞争法》复杂不少,这也从另一方面提醒了销售人员要重点关注公司广告的合法性。下面就通过几个处罚案例,来生动地了解《广告法》的罚则。

实例分析 对违法广告的处罚

一、××智能科技有限公司发布违法广告案

当事人利用微信公众号、公司内设广告牌、广告宣传单和宣传册等多个渠道,对外宣传"中科院××实验室""中科院××实验室科技转化产品""部委联合发文""省签署视力防控任务""全新光医学产品系列""光医学科技披露""临床验证""模拟自然光线还原古代熨目养神疗法"等广告内容。

该广告违反《广告法》相关规定,构成发布虚假广告、在广告中使用国家机关和国家机关工作人员名义进行广告宣传、在广告中使用医疗用语或者易使推销的商品与药品、医疗器械相混淆的用语宣传的违法行为,市场监管局责令当事人停止发布违法广告,消除影响,并处以340 000.00元罚款。

二、××市××沐足阁发布违法广告案

当事人通过"违停罚单"式的广告传单,安排其员工在人流密集区域,将该广告传单置于路边停靠车辆车窗位置或者夜宵摊位的桌上,使得被贴该广告车辆车主或行人误以为自己因为交通违法行为将被处罚。

该广告影响行政执法的严肃性,妨碍社会公共秩序,违反《广告法》相关规定,构成发布妨碍公共秩序、违背社会良好风尚广告的违法行为,市场监管局责令当事人改正上述违法行为,并处以200 000.00元罚款。

三、××照明有限公司发布违法广告案

当事人购进一批未使用中文标明生产厂厂名、厂址及合格证且未取得强制性认证的平板灯,通过其开办的网店发布"国家认证安全规范""每一个部件都经过国家3C认证,产品质量稳定"等广告内容。

该广告违反《广告法》等相关规定,构成发布虚假广告和销售未经认证产品的违法行为,市场监管局责令当事人立即改正上述违法行为,停止发布违法广告,在相应范围内消除影响,并处以122 491.09元罚款。

6.3　生产者与销售者的产品质量责任和义务

购买的产品质量如何，一向是消费者极为关心的问题，一是考虑产品性价比，二是判断其对人体是否有害。比如消费者购买过冬的羽绒服，除了版型款式需要把关以外，首要关注的就是羽绒服的含绒量、羽绒质量等，以确保与之价格相称，同时还要确保其中没有掺杂危害自身健康的黑心羽绒、烂羽绒等。

正因为产品质量与消费者权益息息相关，一旦出现重大问题，可能付出的便是生命的代价。因此，为了加强对产品质量的监督管理，提高产品质量水平，明确产品质量责任，保护消费者的合法权益，维护社会经济秩序，我国制定了《中华人民共和国产品质量法》（以下简称《产品质量法》）。

在《产品质量法》中，不仅明确了生产者的责任，还详细列举了销售者和监管部门的责任，层层把关，以求将产品质量风险降到最低。

注意，这里的产品是指经过加工、制作，用于销售的产品。建设工程不适用《产品质量法》规定。但是，建设工程使用的建筑材料、建筑构配件和设备，属于以上规定的产品范围的，适用《产品质量法》的规定。

下面就来对《产品质量法》进行详细介绍，帮助销售人员明确自己的责任，以及销售过程中应避免的有关产品质量的问题。

6.3.1　企业质量体系与产品质量认证制度

质量认证制度主要分为企业质量体系认证制度和产品质量认证制度，是一类促进企业对其产品质量进行严格有效管理的重要制度，也是企业为社会提供高质量、高信誉产品的保证。具备了相应资格的企业和产品，在质量上就能得到一定的保障。

（1）企业质量体系认证制度

企业质量体系认证制度是指根据国际通用的质量管理和质量保证系列标准，经过认证机构对企业质量体系的检查和确认，通过颁发认证证书的形式，证明企业质量体系和质量保证能力符合相应要求的制度。

《产品质量法》第十四条规定："国家根据国际通用的质量管理标准，推行企业质量体系认证制度。企业根据自愿原则可以向国务院市场监督管理部门认可的或者国务院市场监督管理部门授权的部门认可的认证机构申请企业质量体系认证。经认证合格的，由认证机构颁发企业质量体系认证证书。……"

尽管企业质量体系认证是以自愿为原则的，但生产者、销售者依旧应当建立健全内部产品质量管理制度，严格实施岗位质量规范、质量责任以及相应的考核办法。

需要注意的是，企业质量体系认证与产品质量认证是两个不同的概念，仅获得质量体系认证的企业不得在其产品上使用产品质量认证标志。因此，要想彻底实现产品质量保障，企业还可以申请产品质量认证。

（2）产品质量认证制度

产品质量认证制度是指由依法取得产品质量认证资格的认证机构，依据有关的产品标准和要求，按照规定的程序，对申请认证的产品进行工厂审查和产品检验等，对符合条件要求的，通过颁发认证证书和认证标志以证明该产品符合相应标准要求的制度。

《产品质量法》第十四条规定："……国家参照国际先进的产品标准和技术要求，推行产品质量认证制度。企业根据自愿原则可以向国务院市场监督管理部门认可的或者国务院市场监督管理部门授权的部门认可的认证机构申请产品质量认证。经认证合格的，由认证机构颁发产品质量认证证书，准许企业在产品或者其包装上使用产品质量认证标志。"

产品质量认证标志，销售者和消费者都应该比较熟悉，它常常出现在产品的说明书或产品包装上，代表着该产品经过了一定标准的认证。比较常见的有CQC认证、3C认证等，如图6-12所示。

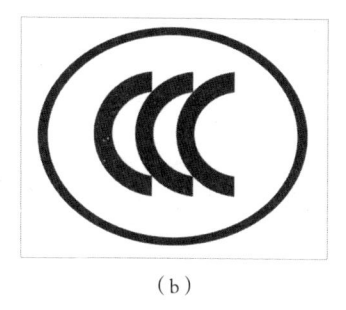

（a）　　　　　　　　　　（b）

图6-12　CQC认证和3C认证图标

6.3.2　生产者和销售者对产品质量所负的责任

生产者和销售者在产品生产、销售过程中各自担任了重要角色，自然需要对产品的质量负起相应的责任。在《产品质量法》中，对二者的责任和义务有详细列举。

（1）生产者的产品质量责任和义务

生产者作为产品的加工者和制造者，从根源上把控着产品质量，应当对其生产的产品质量负责。《产品质量法》第二十六条规定，产品质量应当符合图 6-13 中的要求。

1	2	3
不存在危及人身、财产安全的不合理的危险，有保障人体健康和人身、财产安全的国家标准、行业标准的，应当符合该标准	具备产品应当具备的使用性能，但是，对产品存在使用性能的瑕疵作出说明的除外	符合在产品或者其包装上注明采用的产品标准，符合以产品说明、实物样品等方式表明的质量状况

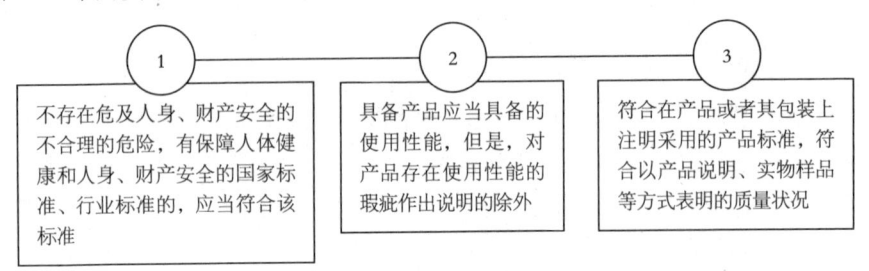

图 6-13　产品质量应当符合的要求

除此之外，《产品质量法》第二十七条规定："产品或者其包装上的标识必须真实，并符合下列要求：

（一）有产品质量检验合格证明；

（二）有中文标明的产品名称、生产厂厂名和厂址；

（三）根据产品的特点和使用要求，需要标明产品规格、等级、所含主要成分的名称和含量的，用中文相应予以标明；需要事先让消费者知晓的，应当在外包装上标明，或者预先向消费者提供有关资料；

（四）限期使用的产品，应当在显著位置清晰地标明生产日期和安全使用期或者失效日期；

（五）使用不当，容易造成产品本身损坏或者可能危及人身、财产安全的产品，应当有警示标志或者中文警示说明。

裸装的食品和其他根据产品的特点难以附加标识的裸装产品，可以不附加产品标识。"

《产品质量法》第二十八条规定："易碎、易燃、易爆、有毒、有腐蚀性、有放射性等危险物品以及储运中不能倒置和其他有特殊要求的产品，其包装质量必须符合相应要求，依照国家有关规定作出警示标志或者中文警示说明，标明储运注意事项。"

生产者还有一系列不得出现、会直接或间接影响产品质量的行为，具体如下所示：

①不得生产国家明令淘汰的产品。

②不得伪造产地，不得伪造或者冒用他人的厂名、厂址。

③不得伪造或者冒用认证标志等质量标志。

④不得掺杂、掺假，不得以假充真、以次充好，不得以不合格产品冒充合格产品。

（2）销售者的产品质量责任和义务

由于销售者几乎接触不到产品的生产环节，大多只是经销而已。因此，《产品质量法》中对于销售者的产品质量责任和义务划分并不多，但依旧需要销售人员严格遵守。

销售者应当遵守的规范。销售者应当建立并执行进货检查验收制度，验明产品合格证明和其他标识。同时，应当采取措施，保持销售产品的质量。销售者销售的产品的标识应当符合《产品质量法》第二十七条的规定。

销售者不得出现的行为。销售者不得销售国家明令淘汰并停止销售的产品和失效、变质的产品；不得伪造产地，不得伪造或者冒用他人的厂名、厂址；不得伪造或者冒用认证标志等质量标志；不得掺杂、掺假，不得以假充真、以次充好，不得以不合格产品冒充合格产品。

6.3.3 产品质量不达标的赔偿与处罚

如果产品在某一环节出了问题，导致质量不达标，甚至给消费者造成损失的，相关人员不仅要做出赔偿，还要被监管部门追责和处罚。这是一种警示，也是对其他生产者和销售者的威慑。

针对损害赔偿和处罚措施，《产品质量法》中有明确规定，下面就来逐一介绍。

（1）损害赔偿

由于生产者和销售者各自对产品质量负有责任和义务，因此，在消费者的权益遭到损害时，二者都应该根据实际情况做出相应的补偿。在有些情况下，消费者的损害比较严重的，还要双方一起赔偿。

◆ 销售者的损害赔偿责任

《产品质量法》第四十条规定："售出的产品有下列情形之一的，销售者应当负责修理、更换、退货；给购买产品的消费者造成损失的，销售者应当赔偿损失：

（一）不具备产品应当具备的使用性能而事先未做说明的；

（二）不符合在产品或者其包装上注明采用的产品标准的；

（三）不符合以产品说明、实物样品等方式表明的质量状况的。

销售者依照前款规定负责修理、更换、退货、赔偿损失后，属于生产者的责任或者属于向销售者提供产品的其他销售者（以下简称供货者）的责任的，销售者有权向生产者、供货者追偿。……"

由于销售者的过错使产品存在缺陷，造成人身、他人财产损害的，销售者应当承担赔偿责任。销售者不能指明缺陷产品的生产者也不能指明缺陷产品的供货者的，销售者应当承担赔偿责任。

销售者未按照《产品质量法》第四十条第一款规定给予修理、更换、退货或者赔偿损失的，由市场监督管理部门责令改正。

生产者之间，销售者之间，生产者与销售者之间订立的买卖合同、承揽合同有不同约定的，合同当事人按照合同约定执行。

◆ 生产者的损害赔偿责任

《产品质量法》第四十一条规定："因产品存在缺陷造成人身、缺陷产品以外的其他财产（以下简称他人财产）损害的，生产者应当承担赔偿责任。

生产者能够证明有下列情形之一的，不承担赔偿责任：

（一）未将产品投入流通的；

（二）产品投入流通时，引起损害的缺陷尚不存在的；

（三）将产品投入流通时的科学技术水平尚不能发现缺陷的存在的。"

◆ 双方共同赔偿

因产品存在缺陷造成受害人人身伤害的，侵害人应当赔偿医疗费、治疗期间的护理费、因误工减少的收入等费用；造成残疾的，还应当支付残疾者生活自助费、生活补助费、残疾赔偿金以及由其扶养的人所必需的生活费等费用；造成受害人死亡的，并应当支付丧葬费、死亡赔偿金以及由死者生前扶养的人所必需的生活费等费用。

因产品存在缺陷造成受害人财产损失的，侵害人应当恢复原状或者折价赔偿。受害人因此遭受其他重大损失的，侵害人应当赔偿损失。

◆ 纠纷的解决方式

《产品质量法》第四十七条规定："因产品质量发生民事纠纷时，当事人可以通过协商或者调解解决。当事人不愿通过协商、调解解决或者协商、调解不成的，可以根据当事人各方的协议向仲裁机构申请仲裁；当事人各方没有达成仲裁协议或者仲裁协议无效的，可以直接向人民法院起诉。"

◆ 受害者可要求赔偿

《产品质量法》第四十三条规定:"因产品存在缺陷造成人身、他人财产损害的,受害人可以向产品的生产者要求赔偿,也可以向产品的销售者要求赔偿。属于产品的生产者的责任,产品的销售者赔偿的,产品的销售者有权向产品的生产者追偿。属于产品的销售者的责任,产品的生产者赔偿的,产品的生产者有权向产品的销售者追偿。"

(2)处罚措施

针对产品质量不达标或是以次充好等行为,《产品质量法》中的处罚条款非常详细,其中有不少是与销售者有关的,需要销售人员特别注意。

生产、销售不符合相关标准的产品。生产、销售不符合保障人体健康和人身、财产安全的国家标准、行业标准的产品的,责令停止生产、销售,没收违法生产、销售的产品,并处违法生产、销售产品(包括已售出和未售出的产品,下同)货值金额等值以上三倍以下的罚款;有违法所得的,并处没收违法所得;情节严重的,吊销营业执照;构成犯罪的,依法追究刑事责任。

生产、销售假冒、劣质产品。在产品中掺杂、掺假,以假充真,以次充好,或者以不合格产品冒充合格产品的,责令停止生产、销售,没收违法生产、销售的产品,并处违法生产、销售产品货值金额百分之五十以上三倍以下的罚款;有违法所得的,并处没收违法所得;情节严重的,吊销营业执照;构成犯罪的,依法追究刑事责任。

生产、销售已淘汰的产品。生产国家明令淘汰的产品的,销售国家明令淘汰并停止销售的产品的,责令停止生产、销售,没收违法生产、销售的产品,并处违法生产、销售产品货值金额等值以下的罚款;有违法所得的,并处没收违法所得;情节严重的,吊销营业执照。

销售失效、变质的产品。销售失效、变质的产品的,责令停止销售,没收违法销售的产品,并处违法销售产品货值金额两倍以下的罚款;有违法所得的,并处没收违法所得;情节严重的,吊销营业执照;构成犯罪的,依法追究刑事责任。

从轻处罚措施。销售者销售《产品质量法》第四十九条至第五十三条规定禁止销售的产品,有充分证据证明其不知道该产品为禁止销售的产品并如实说明其进货来源的,可以从轻或者减轻处罚。

承担连带责任。社会团体、社会中介机构对产品质量作出承诺、保证,而该产品又不符合其承诺、保证的质量要求,给消费者造成损失的,与产品的生产者、销售者承担连带责任。

首先承担民事赔偿责任。违反《产品质量法》规定，应当承担民事赔偿责任和缴纳罚款、罚金，其财产不足以同时支付时，先承担民事赔偿责任。

拒绝、阻挠执法。以暴力、威胁方法阻碍市场监督管理部门的工作人员依法执行职务的，依法追究刑事责任；拒绝、阻碍未使用暴力、威胁方法的，由公安机关依照治安管理处罚法的规定处罚。

对于销售人员来说，产品的质量好坏直接关系到公司与客户在未来的合作和互惠互利的关系。如果是下游经销商、外贸公司这种实力强劲的合作对象，产品的质量甚至能从很大程度上左右双方对价格的商议与让步，进而为公司带来更大的利益，销售人员的提成和业绩自然也水涨船高。

因此，销售人员也肩负着对产品质量的监督责任，对于《产品质量法》中的相关规定和罚则也需要进一步通过案例来巩固。

实例分析 对产品质量不合格的处罚

一、销售不合格儿童自行车案

××月，××玩具商行销售的"维尼熊"儿童自行车经监督局抽样检测，"把横管"项目不符合××标准要求，为不合格产品，违反了《产品质量法》第十三条的规定。

经查，当事人购进儿童自行车三辆，销售两辆，剩余一辆。涉案产品货值为1 350.00元，违法所得为390.00元。最终，综合行政执法处没收质量不合格的儿童自行车一辆，没收违法所得390.00元，对涉事商行罚款2 700.00元。

二、某百货超市销售不合格鸡蛋案

××年××月××日，市场监管局××监管局到某百货超市进行检查并向当事人送达鸡蛋的检验报告。检验结论显示，当事人销售的鸡蛋甲硝唑检测项目不合格。

经查明，当事人共采购抽检不合格批次鸡蛋五件（218.5斤净重），进货单价4.80元/斤，进货金额1 048.80元，售价6.98元/斤，已全部销售完毕，销售额1 525.13元。市场监管局依法对当事人作出没收违法所得476.33元，罚款10 000.00元的行政处罚。

三、××电动车业有限公司销售不符合国家标准的电动自行车案

××年××月××日，市场监管局现场检查××电动车业有限公司，发现当事人涉嫌销售不符合国家标准的电动自行车，依法对其立案调查。经查，当事人销售不符合国家标准的172Z的电动自行车一台、168Z的电动自行车一

台,店存待售 172Z 的电动自行车两台、168Z 的电动自行车三台,涉案货值金额 19 293.00 元,违法所得 896.00 元。

当事人销售不符合国家标准的电动自行车的行为,违反了《产品质量法》第十三条第二款规定。市场监管局依据《行政处罚法》第二十八条第一款和《产品质量法》第四十九条规定,责令当事人停止上述违法行为,没收型号为 172Z 的电动自行车两台和型号为 168Z 的电动自行车三台,罚款 19 293.00 元,并没收违法所得 896.00 元。

6.4 销售者还需尊重消费者的权益

消费者权益是指消费者在有偿获得商品或接受服务时,以及在以后的一定时期内依法享有的权益。销售人员开展销售业务时,不仅要保证售卖产品的质量符合《产品质量法》的要求,还需要尊重消费者的权益。

为保护消费者的合法权益,维护社会经济秩序,促进社会主义市场经济健康发展,我国制定了《中华人民共和国消费者权益保护法》(以下简称《消费者权益保护法》)。消费者为生活消费需要购买、使用商品或者接受服务,其权益受该法保护。同时,经营者为消费者提供其生产、销售的商品或者提供服务,也应当遵守该法。

6.4.1 销售者要熟知消费者的权利

销售人员首先需要了解的是消费者的权利有哪些。在《消费者权益保护法》中,消费者权利主要包括安全保障权、知悉真情权、自主选择权、公平交易权、依法求偿权、求教获知权、依法结社权、维护尊严权以及监督批评权,下面通过表 6-4 来具体介绍。

表 6-4 消费者的权利

权 利	含 义
安全保障权	消费者在购买、使用商品和接受服务时享有人身、财产安全不受损害的权利。消费者有权要求经营者提供的商品和服务,符合保障人身、财产安全的要求
知悉真情权	消费者享有知悉其购买、使用的商品或者接受的服务的真实情况的权利。消费者有权根据商品或者服务的不同情况,要求经营者提供商品的价格、产地、生产者、用途、性能、规格、等级、主要成分、生产日期、有效期限、检验合格证明、使用方法说明书、售后服务,或者服务的内容、规格、费用等有关情况

续上表

权　利	含　义
自主选择权	消费者享有自主选择商品或者服务的权利。消费者有权自主选择提供商品或者服务的经营者，自主选择商品品种或者服务方式，自主决定购买或者不购买任何一种商品、接受或不接受任何一项服务。消费者在自主选择商品或者服务时，有权进行比较、鉴别和挑选
公平交易权	消费者享有公平交易的权利。消费者在购买商品或者接受服务时，有权获得质量保障、价格合理、计量正确等公平交易条件，有权拒绝经营者的强制交易行为
依法求偿权	消费者因购买、使用商品或者接受服务受到人身、财产损害的，享有依法获得赔偿的权利
求教获知权	消费者享有获得有关消费和消费者权益保护方面的知识的权利。消费者应当努力掌握所需商品或者服务的知识和使用技能，正确使用商品，提高自我保护意识
依法结社权	消费者享有依法成立维护自身合法权益的社会组织的权利
维护尊严权	消费者在购买、使用商品和接受服务时，享有人格尊严、民族风俗习惯得到尊重的权利，享有个人信息依法得到保护的权利
监督批评权	消费者享有对商品和服务，以及保护消费者权益工作进行监督的权利。消费者有权检举、控告侵害消费者权益的行为和国家机关及其工作人员在保护消费者权益工作中的违法失职行为，有权对保护消费者权益工作提出批评、建议

6.4.2　企业在销售过程中应尽的义务

企业也就是经营者在产品生产和销售过程中，应当尽到规定的义务，并担负起相应的责任。销售人员作为产品流向消费者的中间人物，自然也很有必要了解并熟知这些内容。

经营者的义务主要分为两大块，一部分是对所提供的产品和服务的质量、信息等所负的义务，以及消费者要求退换货的情况；另一部分则是对消费者应当尽的义务。

（1）对产品和服务所负的义务

经营者对产品和服务所负的义务，主要包含以下内容。

◆ 经营者应按规履行义务

《消费者权益保护法》第十六条规定："经营者向消费者提供商品或者服务，应当依照本法和其他有关法律、法规的规定履行义务。经营者和消费者有约定的，应当按照约定履行义务，但双方的约定不得违背法律、法规的规定。经营者向消费者提供商品或者服务，应当恪守社会公德，诚信经营，保障消费者的合法权益；不得设定不公平、不合理的交易条件，不得强制交易。"

◆ 经营者要保证产品和服务符合相关要求

《消费者权益保护法》第十八条规定："经营者应当保证其提供的商品或者服务符合保障人身、财产安全的要求。对可能危及人身、财产安全的商品和服务，应当向消费者作出真实的说明和明确的警示，并说明和标明正确使用商品或者接受服务的方法以及防止危害发生的方法。……"

《消费者权益保护法》第二十三条规定："经营者应当保证在正常使用商品或者接受服务的情况下其提供的商品或者服务应当具有的质量、性能、用途和有效期限；但消费者在购买该商品或者接受该服务前已经知道其存在瑕疵，且存在该瑕疵不违反法律强制性规定的除外。……"

◆ 经营者发现问题应及时止损

《消费者权益保护法》第十九条规定："经营者发现其提供的商品或者服务存在缺陷，有危及人身、财产安全危险的，应当立即向有关行政部门报告和告知消费者，并采取停止销售、警示、召回、无害化处理、销毁、停止生产或者服务等措施。采取召回措施的，经营者应当承担消费者因商品被召回支出的必要费用。"

◆ 经营者应提供真实、全面的产品、服务信息

《消费者权益保护法》第二十条规定："经营者向消费者提供有关商品或者服务的质量、性能、用途、有效期限等信息，应当真实、全面，不得作虚假或者引人误解的宣传。经营者对消费者就其提供的商品或者服务的质量和使用方法等问题提出的询问，应当作出真实、明确的答复。经营者提供商品或者服务应当明码标价。"

《消费者权益保护法》第二十六条规定："经营者在经营活动中使用格式条款的，应当以显著方式提请消费者注意商品或者服务的数量和质量、价款或者费用、履行期限和方式、安全注意事项和风险警示、售后服务、民事责任等与消费者有重大利害关系的内容，并按照消费者的要求予以说明。……"

◆ 经营者采用线上形式或提供特殊服务应提供相关信息

《消费者权益保护法》第二十八条规定："采用网络、电视、电话、邮购等方式提供商品或者服务的经营者，以及提供证券、保险、银行等金融服务的经营者，应当向消费者提供经营地址、联系方式、商品或者服务的数量和质量、

价款或者费用、履行期限和方式、安全注意事项和风险警示、售后服务、民事责任等信息。"

◆ 消费者退换货的情况

《消费者权益保护法》第二十四条规定："经营者提供的商品或者服务不符合质量要求的，消费者可以依照国家规定、当事人约定退货，或者要求经营者履行更换、修理等义务。没有国家规定和当事人约定的，消费者可以自收到商品之日起七日内退货；七日后符合法定解除合同条件的，消费者可以及时退货，不符合法定解除合同条件的，可以要求经营者履行更换、修理等义务。依照前款规定进行退货、更换、修理的，经营者应当承担运输等必要费用。"

《消费者权益保护法》第二十五条规定："经营者采用网络、电视、电话、邮购等方式销售商品，消费者有权自收到商品之日起七日内退货，且无需说明理由，但下列商品除外：

（一）消费者定作的；

（二）鲜活易腐的；

（三）在线下载或者消费者拆封的音像制品、计算机软件等数字化商品；

（四）交付的报纸、期刊。

除前款所列商品外，其他根据商品性质并经消费者在购买时确认无误退货的商品，不适用无理由退货。

消费者退货的商品应当完好。经营者应当自收到退回商品之日起七日内返还消费者支付的商品价款。退回商品的运费由消费者承担；经营者和消费者另有约定的，按照约定。"

（2）对消费者应当尽的义务

经营者对消费者应当尽的义务，《消费者权益保护法》有如下规定。

第十七条规定："经营者应当听取消费者对其提供的商品或者服务的意见，接受消费者的监督。"

第二十二条规定："经营者提供商品或者服务，应当按照国家有关规定或者商业惯例向消费者出具发票等购货凭证或者服务单据；消费者索要发票等购货凭证或者服务单据的，经营者必须出具。"

第二十七条规定："经营者不得对消费者进行侮辱、诽谤，不得搜查消费者的身体及其携带的物品，不得侵犯消费者的人身自由。"

第二十九条规定："经营者收集、使用消费者个人信息，应当遵循合法、正当、必要的原则，明示收集、使用信息的目的、方式和范围，并经消费者同意。

经营者收集、使用消费者个人信息，应当公开其收集、使用规则，不得违反法律、法规的规定和双方的约定收集、使用信息。

经营者及其工作人员对收集的消费者个人信息必须严格保密，不得泄露、出售或者非法向他人提供。经营者应当采取技术措施和其他必要措施，确保信息安全，防止消费者个人信息泄露、丢失。在发生或者可能发生信息泄露、丢失的情况时，应当立即采取补救措施。

经营者未经消费者同意或者请求，或者消费者明确表示拒绝的，不得向其发送商业性信息。"

6.4.3 买卖双方产生争议时如何解决

买卖双方产生的争议，主要当事人有三个，即消费者、经营者和销售者，当消费者分别与经营者和销售者产生争议或纠纷时，《消费者权益保护法》给出了不同的解决方式。

（1）消费者与经营者之间的纠纷

普遍的解决途径。消费者和经营者发生消费者权益争议的，可以通过下列途径解决：①与经营者协商和解；②请求消费者协会或者依法成立的其他调解组织调解；③向有关行政部门投诉；④根据与经营者达成的仲裁协议提请仲裁机构仲裁；⑤向人民法院提起诉讼。

消费者因虚假广告造成损失的追偿。消费者因经营者利用虚假广告或者其他虚假宣传方式提供商品或者服务，其合法权益受到损害的，可以向经营者要求赔偿。广告经营者、发布者发布虚假广告的，消费者可以请求行政主管部门予以惩处。广告经营者、发布者不能提供经营者的真实名称、地址和有效联系方式的，应当承担赔偿责任。

其他组织或个人的连带责任。广告经营者、发布者设计、制作、发布关系消费者生命健康商品或者服务的虚假广告，造成消费者损害的，应当与提供该商品或者服务的经营者承担连带责任。社会团体或者其他组织、个人在关系消费者生命健康商品或者服务的虚假广告或者其他虚假宣传中向消费者推荐商品或者服务，造成消费者损害的，应当与提供该商品或者服务的经营者承担连带责任。

（2）消费者可向销售者追偿

消费者购买、使用商品时受到损害的追偿。消费者在购买、使用商品时，其合法权益受到损害的，可以向销售者要求赔偿。销售者赔偿后，属于生产者的责任或者属于向销售者提供商品的其他销售者的责任的，销售者有权向生产者或者其他销售者追偿。

消费者有人身、财产损害的追偿。消费者或者其他受害人因商品缺陷造成人身、财产损害的，可以向销售者要求赔偿，也可以向生产者要求赔偿。属于生产者责任的，销售者赔偿后，有权向生产者追偿。属于销售者责任的，生产者赔偿后，有权向销售者追偿。

消费者在展销会、租赁柜台处受到损害的追偿。消费者在展销会、租赁柜台购买商品或者接受服务，其合法权益受到损害的，可以向销售者或者服务者要求赔偿。展销会结束或者柜台租赁期满后，也可以向展销会的举办者、柜台的出租者要求赔偿。展销会的举办者、柜台的出租者赔偿后，有权向销售者或服务者追偿。

消费者通过线上消费受到损害的追偿。消费者通过网络交易平台购买商品或者接受服务，其合法权益受到损害的，可以向销售者或者服务者要求赔偿。网络交易平台提供者不能提供销售者或者服务者的真实名称、地址和有效联系方式的，消费者也可以向网络交易平台提供者要求赔偿；网络交易平台提供者作出更有利于消费者的承诺的，应当履行承诺。网络交易平台提供者赔偿后，有权向销售者或者服务者追偿。

消费者的权益受到侵害时，有权利向相关当事人追责并要求赔偿。但向谁追责，怎么追责，在不同的案件中有不同的判定。而有些时候，消费者自身也存在一定的问题，比如产品使用不当导致没有达到目标效果等，这时消费者自身也要承担一定的责任。

但无论责任如何划分，销售人员都绝对不能抱有侥幸心理甚至试探法律红线的心理。既然《消费者权益保护法》存在，销售人员就要严格遵守，绝对不能有一丝一毫的违法侵害行为，否则将面临法律制裁。

实例分析 消费者权益受侵害后的争议解决

一、张某诉赵某、某商店、河北某公司产品责任纠纷案

基本案情：

张某为大理石安装人员，××年××月××日张某在为客户安装大理石时，在××商店购买切割锯片一片。使用前，张某将锯片安装至角磨机上时未安装角磨机防护罩，亦未穿戴防护服及护眼罩。安装后，张某在调试时，锯片中的一

枚锯齿脱落飞出，致其左眼受伤。张某入院治疗支出相关费用。

另查，××商店销售的"品牌"金刚石锯片，虽包装显示为河北××公司，但不能提供该公司的产品合格证及销售发票。经核实，该产品已被市场监督管理局某分局确认为假冒伪劣产品。

裁判结果：

法院认为，本案中张某所受损害系因切割锯片所致，该产品已被市场监督管理局某分局确认为假冒伪劣产品，被告××商店承认该锯片由其直接销售给张某，故张某有权选择向缺陷产品的生产者或销售者主张赔偿。

××商店作为直接销售者应承担赔偿责任，在销售者代生产者或供货者进行赔偿后，可以依据法律规定向产品的生产者或供货者追偿。同时，张某在操作中未安装角磨机防护罩，也未佩戴相关防护用品，也应对其损害自行承担部分责任。综上，酌情确定被告某商店对张某的损害承担80%责任，张某自行承担20%责任。

二、王某诉赣州××公司买卖合同纠纷案

基本案情：

王某在某电商平台"双十一"优惠促销期间，向赣州××公司购买了13件家具，共计10 095.28元。王某收货后，发现收到的家具材质是橡胶木，而并非××公司广告所称的北美进口橡木。

王某便通过交易平台与该公司交涉，对方回复称"橡胶木是橡木的一种，橡木是一个树种的统称"。王某又向市场监督管理局投诉被告，经消协调查，被告同意无条件退货。后原告诉至法院，要求退一赔三。

裁判结果：

法院认为，被告作为木质家具经营者，应当明知橡木与橡胶木的树种、产地、材质均不相同，其故意将橡胶木材质家具在网页上宣传为橡木家具，利用"双十一"优惠促销手段和普通消费者对木材材质认知能力不足的弱势，发出引人误解的宣传；在发生争议后，仍故意混淆橡木与橡胶木的区别，辩解橡胶木是橡木的一种，应认定其行为具有欺诈性。

根据《消费者权益保护法》第五十五条第一款规定，"经营者提供商品或者服务有欺诈行为的，应当按照消费者的要求增加赔偿其受到的损失，增加赔偿的金额为消费者购买商品的价款或者接受服务的费用的三倍……"法院判决被告应当退还商品价款，并赔偿购买商品价款三倍金额，原告退还案涉家具，退还家具费用及诉讼费用由被告承担。

6.4.4　企业侵害消费者权益将受的处罚

经营者如果侵害了消费者的不同权益，面临的处罚是不同的，孰轻孰重还需根据实际情况来进行判定。但无论是出于何种原因，经营者和销售者都不应该侵害消费者的任何权益。

（1）经营者不得出现的行为

《消费者权益保护法》第四十八条规定："经营者提供商品或者服务有下列情形之一的，除本法另有规定外，应当依照其他有关法律、法规的规定，承担民事责任：

（一）商品或者服务存在缺陷的；

（二）不具备商品应当具备的使用性能而出售时未作说明的；

（三）不符合在商品或者其包装上注明采用的商品标准的；

（四）不符合商品说明、实物样品等方式表明的质量状况的；

（五）生产国家明令淘汰的商品或者销售失效、变质的商品的；

（六）销售的商品数量不足的；

（七）服务的内容和费用违反约定的；

（八）消费者提出的修理、重作、更换、退货、补足商品数量、退还货款和服务费用或者赔偿损失的要求，故意拖延或者无理拒绝的；

（九）法律、法规规定的其他损害消费者权益的情形。

经营者对消费者未尽到安全保障义务，造成消费者损害的，应当承担侵权责任。"

除此之外，《消费者权益保护法》还有以下规定。

第五十六条规定："经营者有下列情形之一，除承担相应的民事责任外，其他有关法律、法规对处罚机关和处罚方式有规定的，依照法律、法规的规定执行；法律、法规未作规定的，由工商行政管理部门或者其他有关行政部门责令改正，可以根据情节单处或者并处警告、没收违法所得、处以违法所得一倍以上十倍以下的罚款，没有违法所得的，处以五十万元以下的罚款；情节严重的，责令停业整顿、吊销营业执照：

（一）提供的商品或者服务不符合保障人身、财产安全要求的；

（二）在商品中掺杂、掺假，以假充真，以次充好，或者以不合格商品冒充合格商品的；

（三）生产国家明令淘汰的商品或者销售失效、变质的商品的；

（四）伪造商品的产地，伪造或者冒用他人的厂名、厂址，篡改生产日期，伪造或者冒用认证标志等质量标志的；

（五）销售的商品应当检验、检疫而未检验、检疫或者伪造检验、检疫结果的；

（六）对商品或者服务作虚假或者引人误解的宣传的；

（七）拒绝或者拖延有关行政部门责令对缺陷商品或者服务采取停止销售、警示、召回、无害化处理、销毁、停止生产或者服务等措施的；

（八）对消费者提出的修理、重作、更换、退货、补足商品数量、退还货款和服务费用或者赔偿损失的要求，故意拖延或者无理拒绝的；

（九）侵害消费者人格尊严、侵犯消费者人身自由或者侵害消费者个人信息依法得到保护的权利的；

（十）法律、法规规定的对损害消费者权益应当予以处罚的其他情形。

经营者有前款规定情形的，除依照法律、法规规定予以处罚外，处罚机关应当记入信用档案，向社会公布。"

（2）经营者侵害消费者不同权益的责任

人身损害赔偿。经营者提供商品或者服务，造成消费者或者其他受害人人身伤害的，应当赔偿医疗费、护理费、交通费等为治疗和康复支出的合理费用，以及因误工减少的收入。造成残疾的，还应当赔偿残疾生活辅助具费和残疾赔偿金。造成死亡的，还应当赔偿丧葬费和死亡赔偿金。

尊严、自由等损害赔偿。经营者侵害消费者的人格尊严、侵犯消费者人身自由或者侵害消费者个人信息依法得到保护的权利的，应当停止侵害、恢复名誉、消除影响、赔礼道歉，并赔偿损失。

侮辱诽谤等损害赔偿。经营者有侮辱诽谤、搜查身体、侵犯人身自由等侵害消费者或者其他受害人人身权益的行为，造成严重精神损害的，受害人可以要求精神损害赔偿。

财产损失赔偿。经营者提供商品或者服务，造成消费者财产损害的，应当依照法律规定或者当事人约定承担修理、重作、更换、退货、补足商品数量、退还货款和服务费用或者赔偿损失等民事责任。

欺诈造成损失赔偿。经营者提供商品或者服务有欺诈行为的，应当按照消费者的要求增加赔偿其受到的损失，增加赔偿的金额为消费者购买商品的价款或者接受服务的费用的三倍;增加赔偿的金额不足五百元的,为五百元。法律另有规定的,依照其规定。

经营者明知商品或者服务存在缺陷,仍然向消费者提供,造成消费者或者其他受害人死亡或者健康严重损害的,受害人有权要求经营者依照《消费者权益保护法》第四十九条、第五十一条等法律规定赔偿损失,并有权要求所受损失二倍以下的惩罚性赔偿。

(3)其他情形下的处罚措施

其他情形下的处罚措施主要包括经营者采用预收款方式提供商品或服务却不履行、拒绝、阻挠执法,以及机关人员徇私舞弊等情况的处罚规定,具体如图6-14所示。

1	经营者以预收款方式提供商品或者服务的,应当按照约定提供。未按照约定提供的,应当按照消费者的要求履行约定或者退回预付款;并应当承担预付款的利息、消费者必须支付的合理费用
2	以暴力、威胁等方法阻碍有关行政部门工作人员依法执行职务的,依法追究刑事责任;拒绝、阻碍有关行政部门工作人员依法执行职务,未使用暴力、威胁方法的,由公安机关依照《治安管理处罚法》的规定处罚
3	国家机关工作人员玩忽职守或者包庇经营者侵害消费者合法权益的行为的,由其所在单位或者上级机关给予行政处分;情节严重,构成犯罪的,依法追究刑事责任

图6-14 其他情形下的处罚措施